햇살콩 필사묵상노트

개역
개정

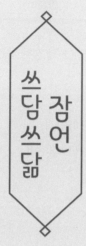
쓰담쓰담 잠언

쓰고 담다
쓰고 닮아가다

규장

'쓰담쓰닮' 필사묵상노트 시리즈를 펴내며

하나님 말씀은 살아있어 운동력 있는 '생명의 말씀'입니다.

책을 빠르게 넘기지 말고
한 구절 한 구절 천천히 읽고 필사하면서
생명력 있는 하나님 말씀을 마음에 담으세요.
"쓰고 담으세요!"

정성껏 새기며 깊이 묵상할 때
내 삶에 말씀이 숨쉬고
그분을 닮아가는 은혜가 깃듭니다.
"쓰고 닮아가세요!"

성경 쓰기를 통해
하나님과 일대일로 만나는 깊은 교제의 시간을 가지며
여러분의 신앙을 지켜가길 기도합니다.

"쓰담쓰닮"
하나님의 말씀이 당신을 위로하고
당신의 삶에 등불이 됨을 경험하십시오.

주의 말씀은 내 발에 등이요 내 길에 빛이니이다 시 119:105

필사를 시작하며

1. 말씀을 쓰기 전에 성령님의 도우심을 구하며 기도하세요.

보혜사 곧 아버지께서 내 이름으로 보내실 성령 그가 너희에게 모든 것을 가르치고
내가 너희에게 말한 모든 것을 생각나게 하리라 요 14:26

2. 말씀을 천천히 소리 내어 읽으며 필사하세요.

나의 반석이시요 나의 구속자이신 여호와여 내 입의 말과 마음의 묵상이
주님 앞에 열납되기를 원하나이다 시 19:14

3. 필사한 말씀을 묵상하고 삶에 적용하세요.

여호와의 교훈은 정직하여 마음을 기쁘게 하고 여호와의 계명은 순결하여
눈을 밝게 하시도다 시 19:8

4. 말씀을 쓰고 난 후 기도로 마무리하세요.

하나님의 말씀과 기도로 거룩하여짐이라 딤전 4:5

5. 필사하며 받은 은혜를 다른 이에게도 흘려보내세요.

오직 선을 행함과 서로 나누어주기를 잊지 말라 하나님은 이같은 제사를
기뻐하시느니라 히 13:16

쓰담쓰담 필사묵상노트 활용법

◇ 한 장이 끝나면, 햇살콩 묵상을 천천히 읽어주세요.

◇ 필사하면서 마음에 남는 구절을 깊이 묵상하며 하나님이 부어주시는 마음과
삶에 적용하고픈 내용을 '나의 묵상' 공간에 기록하세요.

◇ 묵상을 마치면 캘리그라피를 따라 쓰며 말씀을 마음에 한 번 더 새기세요.

◇ 햇살콩 일러스트와 말씀 구절을 통해 잠잠히 묵상하는 시간을 가져보세요.

지혜의 책 Proverbs

잠언에는 하나님을 경외하는 자들이
세상에서 어떻게 살아야 할지에 대한
구체적이고 실제적인 교훈과
각종 삶의 지혜가 담겨있다.
'지혜'는 하나님을 경외하는 것이며,
모든 참된 지식은 하나님으로부터 나온다.
잠언은 이러한 사상에 기초해
윤리적이고 영적인 문제들을 다룬다.
잠언은 처세술 모음집이 아니라
'지금' 여기에서 하나님께 정직하게 반응하고
순종하도록 돕는 생각과 격언을 모은 지혜서이다.

-《포커스성경》(대한기독교서회) 발췌

모든 지킬 만한 것 중에

더욱 네 마음을 지키라

생명의 근원이 이에서 남이니라

잠 4:23

잠언 1장

솔로몬의 잠언

1 다윗의 아들 이스라엘 왕 솔로몬의 잠언이라

2 이는 지혜와 훈계를 알게 하며 명철의 말씀을 깨닫게 하며

3 지혜롭게, 공의롭게, 정의롭게, 정직하게 행할 일에 대하여 훈계를 받게 하며

4 어리석은 자를 슬기롭게 하며 젊은 자에게 지식과 근신함을 주기 위한 것이니

5 지혜 있는 자는 듣고 학식이 더할 것이요 명철한 자는 지략을 얻을 것이라

6 잠언과 비유와 지혜 있는 자의 말과 그 오묘한 말을 깨달으리라

젊은이에게 주는 교훈

7 여호와를 경외하는 것이 지식의 근본이거늘 미련한 자는 지혜와 훈계를
멸시하느니라

8 내 아들아 네 아비의 훈계를 들으며 네 어미의 법을 떠나지 말라

9 이는 네 머리의 아름다운 관이요 네 목의 금 사슬이니라

10 내 아들아 악한 자가 너를 꾈지라도 따르지 말라

11 그들이 네게 말하기를 우리와 함께 가자 우리가 가만히 엎드렸다가
사람의 피를 흘리자 죄 없는 자를 까닭 없이 숨어 기다리다가

12 스올같이 그들을 산 채로 삼키며 무덤에 내려가는 자들같이 통으로 삼키자

13 우리가 온갖 보화를 얻으며 빼앗은 것으로 우리 집을 채우리니

14 너는 우리와 함께 제비를 뽑고 우리가 함께 전대 하나만 두자 할지라도

15 내 아들아 그들과 함께 길에 다니지 말라 네 발을 금하여 그 길을 밟지 말라

16 대저 그 발은 악으로 달려가며 피를 흘리는 데 빠름이니라

17 새가 보는 데서 그물을 치면 헛일이겠거늘

18 그들이 가만히 엎드림은 자기의 피를 흘릴 뿐이요 숨어 기다림은
자기의 생명을 해할 뿐이니

19 이익을 탐하는 모든 자의 길은 다 이러하여 자기의 생명을 잃게 하느니라

지혜가 부른다

20 지혜가 길거리에서 부르며 광장에서 소리를 높이며

21 시끄러운 길목에서 소리를 지르며 성문 어귀와 성중에서
그 소리를 발하여 이르되

22 너희 어리석은 자들은 어리석음을 좋아하며 거만한 자들은 거만을 기뻐하며
미련한 자들은 지식을 미워하니 어느 때까지 하겠느냐

23 나의 책망을 듣고 돌이키라 보라 내가 나의 영을 너희에게 부어주며
내 말을 너희에게 보이리라

24 내가 불렀으나 너희가 듣기 싫어하였고 내가 손을 폈으나 돌아보는 자가
없었고

25 도리어 나의 모든 교훈을 멸시하며 나의 책망을 받지 아니하였은즉

26 너희가 재앙을 만날 때에 내가 웃을 것이며 너희에게 두려움이 임할 때에
내가 비웃으리라

27 너희의 두려움이 광풍같이 임하겠고 너희의 재앙이 폭풍같이 이르겠고
너희에게 근심과 슬픔이 임하리니

28 그때에 너희가 나를 부르리라 그래도 내가 대답하지 아니하겠고
부지런히 나를 찾으리라 그래도 나를 만나지 못하리니

29 대저 너희가 지식을 미워하며 여호와 경외하기를 즐거워하지 아니하며

30 나의 교훈을 받지 아니하고 나의 모든 책망을 업신여겼음이니라

31 그러므로 자기 행위의 열매를 먹으며 자기 꾀에 배부르리라

32 어리석은 자의 퇴보는 자기를 죽이며 미련한 자의 안일은
자기를 멸망시키려니와

33 오직 내 말을 듣는 자는 평안히 살며 재앙의 두려움이 없이 안전하리라

하나님을 경외하는 것이 참 지혜이며,
지혜의 근본되시는 그분과
교제하는 것이 '복'입니다.

잠언 말씀을 읽고 쓰고 묵상하면서
하나님나라의 원리를 깨닫고
이를 실천할 '지혜'를 발견하게 될 것입니다.

당신이 하나님을 더 깊이
사랑하고 경외하게 되기를
온 맘 다해 축복합니다!

나의 묵상 ────────────────────────────

여호와를 경외하는 것이 지식의 근본이거늘
미련한 자는 지혜와 훈계를 멸시하느니라
나의 책망을 듣고 돌이키라
보라 내가 나의 영을 너희에게 부어주며
내 말을 너희에게 보이리라

잠언 2장

지혜가 주는 유익

1   내 아들아 네가 만일 나의 말을 받으며 나의 계명을 네게 간직하며

2   네 귀를 지혜에 기울이며 네 마음을 명철에 두며

3   지식을 불러 구하며 명철을 얻으려고 소리를 높이며

4   은을 구하는 것같이 그것을 구하며 감추어진 보배를 찾는 것같이
    그것을 찾으면

5   여호와 경외하기를 깨달으며 하나님을 알게 되리니

6   대저 여호와는 지혜를 주시며 지식과 명철을 그 입에서 내심이며

7   그는 정직한 자를 위하여 완전한 지혜를 예비하시며 행실이 온전한 자에게
    방패가 되시나니

8   대저 그는 정의의 길을 보호하시며 그의 성도들의 길을 보전하려 하심이니라

9   그런즉 네가 공의와 정의와 정직 곧 모든 선한 길을 깨달을 것이라

10 곧 지혜가 네 마음에 들어가며 지식이 네 영혼을 즐겁게 할 것이요

11 근신이 너를 지키며 명철이 너를 보호하여

12 악한 자의 길과 패역을 말하는 자에게서 건져 내리라

13 이 무리는 정직한 길을 떠나 어두운 길로 행하며

14 행악하기를 기뻐하며 악인의 패역을 즐거워하나니

15 그 길은 구부러지고 그 행위는 패역하니라

16 지혜가 또 너를 음녀에게서, 말로 호리는 이방 계집에게서 구원하리니

17 그는 젊은 시절의 짝을 버리며 그의 하나님의 언약을 잊어버린 자라

18 그의 집은 사망으로, 그의 길은 스올로 기울어졌나니

19 누구든지 그에게로 가는 자는 돌아오지 못하며
　　또 생명 길을 얻지 못하느니라

20 지혜가 너를 선한 자의 길로 행하게 하며 또 의인의 길을 지키게 하리니

21 대저 정직한 자는 땅에 거하며 완전한 자는 땅에 남아있으리라

22 그러나 악인은 땅에서 끊어지겠고 간사한 자는 땅에서 뽑히리라

거짓과 악이 만연한 이 세상에서
우리의 삶과 영혼을 지킬 방법은
하나님의 지혜와 가르침대로 살아가는 것입니다.

그분의 말씀을 사랑하고 밤낮으로 묵상하는 자는,
죄의 길에 서지 않고 복 있는 자의 길을 걸을 것입니다.

우리의 안전을
세상의 지혜나 사람에게 맡기지 말고
하나님의 지혜에 맡기십시오.

"당장 내게 유익 같아 보이는
악인들의 달콤한 유혹을 뿌리치게 하소서.
세상이 주는 그 어떤 좋은 것보다
하나님의 지혜를 사모하고 구하게 하소서."

나의 묵상 ————————————————————————

　

그는 정직한 자를 위하여 완전한 지혜를 예비하시며
행실이 온전한 자에게 방패가 되시나니
지혜가 너를 선한 자의 길로 행하게 하며
또 의인의 길을 지키게 하리니

잠언 3장

젊은이에게 주는 교훈

1 내 아들아 나의 법을 잊어버리지 말고 네 마음으로 나의 명령을 지키라

2 그리하면 그것이 네가 장수하여 많은 해를 누리게 하며 평강을 더하게 하리라

3 인자와 진리가 네게서 떠나지 말게 하고 그것을 네 목에 매며
   네 마음판에 새기라

4 그리하면 네가 하나님과 사람 앞에서 은총과 귀중히 여김을 받으리라

5 너는 마음을 다하여 여호와를 신뢰하고 네 명철을 의지하지 말라

6 너는 범사에 그를 인정하라 그리하면 네 길을 지도하시리라

7 스스로 지혜롭게 여기지 말지어다 여호와를 경외하며 악을 떠날지어다

8 이것이 네 몸에 양약이 되어 네 골수를 윤택하게 하리라

9 네 재물과 네 소산물의 처음 익은 열매로 여호와를 공경하라

10 그리하면 네 창고가 가득히 차고 네 포도즙 틀에 새 포도즙이 넘치리라

11 내 아들아 여호와의 징계를 경히 여기지 말라 그 꾸지람을 싫어하지 말라

12 대저 여호와께서 그 사랑하시는 자를 징계하시기를 마치 아비가
   그 기뻐하는 아들을 징계함같이 하시느니라

13 지혜를 얻은 자와 명철을 얻은 자는 복이 있나니

14 이는 지혜를 얻는 것이 은을 얻는 것보다 낫고 그 이익이 정금보다 나음이니라

15 지혜는 진주보다 귀하니 네가 사모하는 모든 것으로도 이에 비교할 수 없도다

16 그의 오른손에는 장수가 있고 그의 왼손에는 부귀가 있나니

17 그 길은 즐거운 길이요 그의 지름길은 다 평강이니라

18 지혜는 그 얻은 자에게 생명 나무라 지혜를 가진 자는 복되도다

19 여호와께서는 지혜로 땅에 터를 놓으셨으며 명철로 하늘을 견고히 세우셨고

20 그의 지식으로 깊은 바다를 갈라지게 하셨으며 공중에서 이슬이
   내리게 하셨느니라

21 내 아들아 완전한 지혜와 근신을 지키고 이것들이 네 눈앞에서
   떠나지 말게 하라

22 그리하면 그것이 네 영혼의 생명이 되며 네 목에 장식이 되리니

23 네가 네 길을 평안히 행하겠고 네 발이 거치지 아니하겠으며

24 네가 누울 때에 두려워하지 아니하겠고 네가 누운즉 네 잠이 달리로다

25 너는 갑작스러운 두려움도 악인에게 닥치는 멸망도 두려워하지 말라

26 대저 여호와는 네가 의지할 이시니라 네 발을 지켜 걸리지 않게 하시리라

27 네 손이 선을 베풀 힘이 있거든 마땅히 받을 자에게 베풀기를 아끼지 말며

28 네게 있거든 이웃에게 이르기를 갔다가 다시 오라 내일 주겠노라 하지 말며

29 네 이웃이 네 곁에서 평안히 살거든 그를 해하려고 꾀하지 말며

30 사람이 네게 악을 행하지 아니하였거든 까닭 없이 더불어 다투지 말며

31 포학한 자를 부러워하지 말며 그의 어떤 행위도 따르지 말라

32 대저 패역한 자는 여호와께서 미워하시나 정직한 자에게는
   그의 교통하심이 있으며

33 악인의 집에는 여호와의 저주가 있거니와 의인의 집에는 복이 있느니라

34 진실로 그는 거만한 자를 비웃으시며 겸손한 자에게 은혜를 베푸시나니

35 지혜로운 자는 영광을 기업으로 받거니와 미련한 자의 영달함은
   수치가 되느니라

언제 어디서나
주님을 인정하고 의지하나요?

내 생각과 노력과 수고로 세운 업적과 성공은
언제 무너질지 모르는 모래성과 같습니다.

하나님은 전적으로 그분을 의뢰하고
모든 일을 그분의 지혜에 맡기는 자의 길을 인도하십니다.

스스로 지혜롭다고 생각하기를 멈추고
겸손히 하나님을 찾고 바라십시오.

그분이 인도하시는 길이 가장 좋은 길이며
그 길로 가는 것이 참된 지혜입니다.

나의 묵상 ─────────────────────────────

너는 범사에 그를 인정하라
그리하면 네 길을 지도하시리라
대저 여호와께서 그 사랑하시는 자를 징계하시기를
마치 아비가 그 기뻐하는 아들을 징계함같이 하시느니라

지혜와 명철을 얻으라

1 아들들아 아비의 훈계를 들으며 명철을 얻기에 주의하라

2 내가 선한 도리를 너희에게 전하노니 내 법을 떠나지 말라

3 나도 내 아버지에게 아들이었으며 내 어머니 보기에 유약한 외아들이었노라

4 아버지가 내게 가르쳐 이르기를 내 말을 네 마음에 두라 내 명령을 지키라
  그리하면 살리라

5 지혜를 얻으며 명철을 얻으라 내 입의 말을 잊지 말며 어기지 말라

6 지혜를 버리지 말라 그가 너를 보호하리라 그를 사랑하라 그가 너를 지키리라

7 지혜가 제일이니 지혜를 얻으라 네가 얻은 모든 것을 가지고
  명철을 얻을지니라

8 그를 높이라 그리하면 그가 너를 높이 들리라 만일 그를 품으면
  그가 너를 영화롭게 하리라

9 그가 아름다운 관을 네 머리에 두겠고 영화로운 면류관을
  네게 주리라 하셨느니라

10 내 아들아 들으라 내 말을 받으라 그리하면 네 생명의 해가 길리라

11 내가 지혜로운 길을 네게 가르쳤으며 정직한 길로 너를 인도하였은즉

12 다닐 때에 네 걸음이 곤고하지 아니하겠고 달려갈 때에 실족하지 아니하리라

13 훈계를 굳게 잡아 놓치지 말고 지키라 이것이 네 생명이니라

14 사악한 자의 길에 들어가지 말며 악인의 길로 다니지 말지어다

15 그의 길을 피하고 지나가지 말며 돌이켜 떠나갈지어다

16 그들은 악을 행하지 못하면 자지 못하며 사람을 넘어뜨리지 못하면
잠이 오지 아니하며

17 불의의 떡을 먹으며 강포의 술을 마심이니라

18 의인의 길은 돋는 햇살 같아서 크게 빛나 한낮의 광명에 이르거니와

19 악인의 길은 어둠 같아서 그가 걸려 넘어져도 그것이 무엇인지
깨닫지 못하느니라

20 내 아들아 내 말에 주의하며 내가 말하는 것에 네 귀를 기울이라

21 그것을 네 눈에서 떠나게 하지 말며 네 마음속에 지키라

22 그것은 얻는 자에게 생명이 되며 그의 온 육체의 건강이 됨이니라

23 모든 지킬 만한 것 중에 더욱 네 마음을 지키라 생명의 근원이 이에서 남이니라

24 구부러진 말을 네 입에서 버리며 비뚤어진 말을 네 입술에서 멀리하라

25 네 눈은 바로 보며 네 눈꺼풀은 네 앞을 곧게 살펴

26 네 발이 행할 길을 평탄하게 하며 네 모든 길을 든든히 하라

27 좌로나 우로나 치우치지 말고 네 발을 악에서 떠나게 하라

요즘 당신은
무엇을 보고, 듣고, 말하고 있나요?

말과 행동을 잘 살펴보면
당신의 마음이 어디를 향하는지 알 수 있어요.

성경은 우리 마음에
'생명의 근원'이 있다고 말합니다.
즉, 마음을 빼앗기는 건
인생을 빼앗기는 것과 같습니다.

오늘 하나님께
마음을 지키는 기도를 드리십시오.

"사랑하는 주님,
제가 보는 것과 말하는 것을 보호하소서.
제 발걸음을 인도하소서.
무엇보다 마음을 지켜주소서."

나의 묵상 ———————————————————————————

그를 높이라 그리하면 그가 너를 높이 들리라
만일 그를 품으면 그가 너를 영화롭게 하리라
모든 지킬 만한 것중에 더욱 네 마음을 지키라
생명의 근원이 이에서 남이니라

잠언 5장

사지와 스올로 가지 말라

1 내 아들아 내 지혜에 주의하며 내 명철에 네 귀를 기울여서

2 근신을 지키며 네 입술로 지식을 지키도록 하라

3 대저 음녀의 입술은 꿀을 떨어뜨리며 그의 입은 기름보다 미끄러우나

4 나중은 쑥같이 쓰고 두 날 가진 칼같이 날카로우며

5 그의 발은 사지로 내려가며 그의 걸음은 스올로 나아가나니

6 그는 생명의 평탄한 길을 찾지 못하며 자기 길이 든든하지 못하여도
  그것을 깨닫지 못하느니라

7 그런즉 아들들아 나에게 들으며 내 입의 말을 버리지 말고

8 네 길을 그에게서 멀리하라 그의 집 문에도 가까이 가지 말라

9 두렵건대 네 존영이 남에게 잃어버리게 되며 네 수한이 잔인한 자에게
  빼앗기게 될까 하노라

10 두렵건대 타인이 네 재물로 충족하게 되며 네 수고한 것이 외인의 집에
   있게 될까 하노라

11 두렵건대 마지막에 이르러 네 몸, 네 육체가 쇠약할 때에 네가 한탄하여

12 말하기를 내가 어찌하여 훈계를 싫어하며 내 마음이 꾸지람을 가벼이 여기고

13 내 선생의 목소리를 청종하지 아니하며 나를 가르치는 이에게
   귀를 기울이지 아니하였던고

14 많은 무리들이 모인 중에서 큰 악에 빠지게 되었노라 하게 될까 염려하노라

15 너는 네 우물에서 물을 마시며 네 샘에서 흐르는 물을 마시라

16 어찌하여 네 샘물을 집 밖으로 넘치게 하며 네 도랑물을 거리로
흘러가게 하겠느냐

17 그 물이 네게만 있게 하고 타인과 더불어 그것을 나누지 말라

18 네 샘으로 복되게 하라 네가 젊어서 취한 아내를 즐거워하라

19 그는 사랑스러운 암사슴 같고 아름다운 암노루 같으니
너는 그의 품을 항상 족하게 여기며 그의 사랑을 항상 연모하라

20 내 아들아 어찌하여 음녀를 연모하겠으며 어찌하여 이방 계집의 가슴을
안겠느냐

21 대저 사람의 길은 여호와의 눈앞에 있나니 그가 그 사람의 모든 길을
평탄하게 하시느니라

22 악인은 자기의 악에 걸리며 그 죄의 줄에 매이나니

23 그는 훈계를 받지 아니함으로 말미암아 죽겠고 심히 미련함으로 말미암아
혼미하게 되느니라

육체의 쾌락에 빠져
성적인 죄를 스스럼없이 저지르는 문화는,
우리를 파멸의 길로 이끕니다.

하나님은 내 마음과 행동을 환히 보고 계십니다.
은밀하게 진행하는 음란한 일은 속일 수 있다고 착각하지만
어느 한순간도 하나님의 눈을 피할 수는 없습니다.

우리의 몸은 하나님이 거하시는 성전임을 기억하십시오.
하나님의 지혜에 귀를 기울여, 모든 음란을 멀리하고
유혹, 중독이 될 만한 요소를 철저히 차단하십시오.
내 전부를 하나님 앞에 깨끗하고 거룩하게 지켜가십시오.

혹시 하나님이 계속 마음을 불편하게 하시는데도
성적인 죄악을 뿌리치지 못하고 있다면
더 늦기 전에 돌이켜 회개하고 기도하십시오.

"하나님의 사랑과 지혜를 부어주세요.
하나님을 두려워하는 마음을 회복시켜 주세요.
이 질긴 죄에서 건지시고, 거룩한 길로 인도해주세요."

나의 묵상 ────────────────────────

내 아들아 내 지혜에 주의하며
내 명철에 네 귀를 기울여서
근신을 지키며 네 입술로
지식을 지키도록 하라

잠언 6장

실제적 교훈

<u>1</u> 내 아들아 네가 만일 이웃을 위하여 담보하며 타인을 위하여 보증하였으면

<u>2</u> 네 입의 말로 네가 얽혔으며 네 입의 말로 인하여 잡히게 되었느니라

<u>3</u> 내 아들아 네가 네 이웃의 손에 빠졌은즉 이같이 하라 너는 곧 가서
      겸손히 네 이웃에게 간구하여 스스로 구원하되

<u>4</u> 네 눈을 잠들게 하지 말며 눈꺼풀을 감기게 하지 말고

<u>5</u> 노루가 사냥꾼의 손에서 벗어나는 것같이, 새가 그물 치는 자의 손에서
      벗어나는 것같이 스스로 구원하라

<u>6</u> 게으른 자여 개미에게 가서 그가 하는 것을 보고 지혜를 얻으라

<u>7</u> 개미는 두령도 없고 감독자도 없고 통치자도 없으되

<u>8</u> 먹을 것을 여름 동안에 예비하며 추수 때에 양식을 모으느니라

<u>9</u> 게으른 자여 네가 어느 때까지 누워있겠느냐 네가 어느 때에 잠이 깨어
      일어나겠느냐

<u>10</u> 좀 더 자자, 좀 더 졸자, 손을 모으고 좀 더 누워있자 하면

<u>11</u> 네 빈궁이 강도같이 오며 네 곤핍이 군사같이 이르리라

<u>12</u> 불량하고 악한 자는 구부러진 말을 하고 다니며

<u>13</u> 눈짓을 하며 발로 뜻을 보이며 손가락질을 하며

<u>14</u> 그의 마음에 패역을 품으며 항상 악을 꾀하여 다툼을 일으키는 자라

<u>15</u> 그러므로 그의 재앙이 갑자기 내려 당장에 멸망하여 살릴 길이 없으리라

<u>16</u> 여호와께서 미워하시는 것 곧 그의 마음에 싫어하시는 것이 예닐곱 가지이니

<u>17</u> 곧 교만한 눈과 거짓된 혀와 무죄한 자의 피를 흘리는 손과

<u>18</u> 악한 계교를 꾀하는 마음과 빨리 악으로 달려가는 발과

<u>19</u> 거짓을 말하는 망령된 증인과 및 형제 사이를 이간하는 자이니라

훈계와 명령

20 내 아들아 네 아비의 명령을 지키며 네 어미의 법을 떠나지 말고

21 그것을 항상 네 마음에 새기며 네 목에 매라

22 그것이 네가 다닐 때에 너를 인도하며 네가 잘 때에 너를 보호하며
네가 깰 때에 너와 더불어 말하리니

23 대저 명령은 등불이요 법은 빛이요 훈계의 책망은 곧 생명의 길이라

24 이것이 너를 지켜 악한 여인에게, 이방 여인의 혀로 호리는 말에
빠지지 않게 하리라

25 네 마음에 그의 아름다움을 탐하지 말며 그 눈꺼풀에 홀리지 말라

26 음녀로 말미암아 사람이 한 조각 떡만 남게 됨이며 음란한 여인은
귀한 생명을 사냥함이니라

27 사람이 불을 품에 품고서야 어찌 그의 옷이 타지 아니하겠으며

28 사람이 숯불을 밟고서야 어찌 그의 발이 데지 아니하겠느냐

29 남의 아내와 통간하는 자도 이와 같을 것이라 그를 만지는 자마다
벌을 면하지 못하리라

30 도둑이 만일 주릴 때에 배를 채우려고 도둑질하면 사람이 그를 멸시하지는
아니하려니와

31 들키면 칠 배를 갚아야 하리니 심지어 자기 집에 있는 것을 다 내주게 되리라

32 여인과 간음하는 자는 무지한 자라 이것을 행하는 자는 자기의 영혼을
망하게 하며

33 상함과 능욕을 받고 부끄러움을 씻을 수 없게 되나니

34 남편이 투기로 분노하여 원수 갚는 날에 용서하지 아니하고

35 어떤 보상도 받지 아니하며 많은 선물을 줄지라도 듣지 아니하리라

게으른 생활에 작별을 고하십시오.

성경은 게으른 사람에게
개미가 일하는 것을 보고
지혜를 얻으라고 말씀하십니다.

성경 읽기와 기도 생활을 게을리하면
하나님과의 관계가 손쓸 새 없이 멀어집니다.
그분이 부어주신 소중한 시간을
아무런 소망 없이 허비하게 됩니다.

내 손으로 취한 소득을 기뻐하고
발로 얻은 수확을 즐거워하십시오.

게으름의 자리를 털고 일어나
하루 한 걸음씩 주님과 즐거이 걸어가십시오.

나의 묵상 ─────────────────────────────

게으른 자여 개미에게 가서
그가 하는 것을 보고 지혜를 얻으라
좀 더 자자, 좀 더 졸자, 손을 모으고 좀 더 누워 있자 하면
네 빈궁이 강도같이 오며 네 곤핍이 군사같이 이르리라

나를 사랑하는 자들이
나의 사랑을 입으며
나를 간절히 찾는 자가
나를 만날 것이니라
잠 8:17

잠언 7장

음녀의 길로 치우치지 말라

1 내 아들아 내 말을 지키며 내 계명을 간직하라

2 내 계명을 지켜 살며 내 법을 네 눈동자처럼 지키라

3 이것을 네 손가락에 매며 이것을 네 마음판에 새기라

4 지혜에게 너는 내 누이라 하며 명철에게 너는 내 친족이라 하라

5 그리하면 이것이 너를 지켜서 음녀에게, 말로 호리는 이방 여인에게
빠지지 않게 하리라

6 내가 내 집 들창으로, 살창으로 내다보다가

7 어리석은 자 중에, 젊은이 가운데에 한 지혜 없는 자를 보았노라

8 그가 거리를 지나 음녀의 골목 모퉁이로 가까이하여 그의 집 쪽으로 가는데

9 저물 때, 황혼 때, 깊은 밤 흑암 중에라

10 그때에 기생의 옷을 입은 간교한 여인이 그를 맞으니

11 이 여인은 떠들며 완악하며 그의 발이 집에 머물지 아니하여

12 어떤 때에는 거리, 어떤 때에는 광장 또 모퉁이마다 서서 사람을 기다리는 자라

13 그 여인이 그를 붙잡고 그에게 입맞추며 부끄러움을 모르는 얼굴로
그에게 말하되

14 내가 화목제를 드려 서원한 것을 오늘 갚았노라

15 이러므로 내가 너를 맞으려고 나와 네 얼굴을 찾다가 너를 만났도다

16 내 침상에는 요와 애굽의 무늬 있는 이불을 폈고

17 몰약과 침향과 계피를 뿌렸노라

18 오라 우리가 아침까지 흡족하게 서로 사랑하며 사랑함으로 희락하자

19 남편은 집을 떠나 먼 길을 갔는데

20 은 주머니를 가졌은즉 보름날에나 집에 돌아오리라 하여

21 여러 가지 고운 말로 유혹하며 입술의 호리는 말로 꾀므로

22 젊은이가 곧 그를 따랐으니 소가 도수장으로 가는 것 같고
   미련한 자가 벌을 받으려고 쇠사슬에 매이러 가는 것과 같도다

23 필경은 화살이 그 간을 뚫게 되리라 새가 빨리 그물로 들어가되
   그의 생명을 잃어버릴 줄을 알지 못함과 같으니라

24 이제 아들들아 내 말을 듣고 내 입의 말에 주의하라

25 네 마음이 음녀의 길로 치우치지 말며 그 길에 미혹되지 말지어다

26 대저 그가 많은 사람을 상하여 엎드러지게 하였나니 그에게 죽은 자가
   허다하니라

27 그의 집은 스올의 길이라 사망의 방으로 내려가느니라

부패하고 타락한 세상은
달콤하고 그럴듯한 이야기로 우리에게 접근합니다.

'이 정도는 괜찮겠지.'
'다른 사람도 한 번쯤은….'

안일한 생각과 자기 합리화로
하나님의 말씀으로부터 우리의 눈과 귀가 닫힙니다.

많은 사람이 따르고 옳다고 입을 모아도,
우리는 오직 성경을 기준 삼아
올바르게 분별해야 합니다.

하나님의 말씀이 내 안에 없으면
세상의 유혹에 쉽게 넘어집니다.

매일 주님의 말씀으로 무장하여
영적 전쟁에서 승리하십시오!

나의 묵상 ────────────────────

내 아들아 내 말을 지키며 내 계명을 간직하라
내 계명을 지켜살며 내 법을 네 눈동자처럼 지키라
이것을 네 손가락에 매며 이것을 네 마음판에 새기라

잠언 8장

지혜와 명철 찬양

1 지혜가 부르지 아니하느냐 명철이 소리를 높이지 아니하느냐

2 그가 길가의 높은 곳과 네거리에 서며

3 성문 곁과 문어귀와 여러 출입하는 문에서 불러 이르되

4 사람들아 내가 너희를 부르며 내가 인자들에게 소리를 높이노라

5 어리석은 자들아 너희는 명철할지니라 미련한 자들아 너희는 마음이
밝을지니라

6 너희는 들을지어다 내가 가장 선한 것을 말하리라 내 입술을 열어
정직을 내리라

7 내 입은 진리를 말하며 내 입술은 악을 미워하느니라

8 내 입의 말은 다 의로운즉 그 가운데에 굽은 것과 패역한 것이 없나니

9 이는 다 총명 있는 자가 밝히 아는 바요 지식 얻은 자가 정직하게
여기는 바니라

10 너희가 은을 받지 말고 나의 훈계를 받으며 정금보다 지식을 얻으라

11 대저 지혜는 진주보다 나으므로 원하는 모든 것을 이에 비교할 수 없음이니라

12 나 지혜는 명철로 주소를 삼으며 지식과 근신을 찾아 얻나니

13 여호와를 경외하는 것은 악을 미워하는 것이라 나는 교만과 거만과
악한 행실과 패역한 입을 미워하느니라

14 내게는 계략과 참 지식이 있으며 나는 명철이라 내게 능력이 있으므로

15 나로 말미암아 왕들이 치리하며 방백들이 공의를 세우며

16 나로 말미암아 재상과 존귀한 자 곧 모든 의로운 재판관들이 다스리느니라

17 나를 사랑하는 자들이 나의 사랑을 입으며 나를 간절히 찾는 자가
나를 만날 것이니라

18 부귀가 내게 있고 장구한 재물과 공의도 그러하니라

19 내 열매는 금이나 정금보다 나으며 내 소득은 순은보다 나으니라

20 나는 정의로운 길로 행하며 공의로운 길 가운데로 다니나니

21 이는 나를 사랑하는 자가 재물을 얻어서 그 곳간에 채우게 하려 함이니라

22 여호와께서 그 조화의 시작 곧 태초에 일하시기 전에 나를 가지셨으며

23 만세 전부터, 태초부터, 땅이 생기기 전부터 내가 세움을 받았나니

24 아직 바다가 생기지 아니하였고 큰 샘들이 있기 전에 내가 이미 났으며

25 산이 세워지기 전에, 언덕이 생기기 전에 내가 이미 났으니

26 하나님이 아직 땅도, 들도, 세상 진토의 근원도 짓지 아니하셨을 때에라

27 그가 하늘을 지으시며 궁창을 해면에 두르실 때에 내가 거기 있었고

28 그가 위로 구름 하늘을 견고하게 하시며 바다의 샘들을 힘 있게 하시며

29 바다의 한계를 정하여 물이 명령을 거스르지 못하게 하시며
    또 땅의 기초를 정하실 때에

30 내가 그 곁에 있어서 창조자가 되어 날마다 그의 기뻐하신 바가 되었으며
    항상 그 앞에서 즐거워하였으며

31 사람이 거처할 땅에서 즐거워하며 인자들을 기뻐하였느니라

32 아들들아 이제 내게 들으라 내 도를 지키는 자가 복이 있느니라

33 훈계를 들어서 지혜를 얻으라 그것을 버리지 말라

34 누구든지 내게 들으며 날마다 내 문 곁에서 기다리며 문설주 옆에서
    기다리는 자는 복이 있나니

35 대저 나를 얻는 자는 생명을 얻고 여호와께 은총을 얻을 것임이니라

36 그러나 나를 잃는 자는 자기의 영혼을 해하는 자라 나를 미워하는 자는
    사망을 사랑하느니라

우리에게 가장 소중한 건 무엇입니까?

성경은 '지혜'가 보석보다 값지기에
어떤 것과도 비길 수 없다고 말합니다.

하나님의 지혜가 담긴 말씀의 가치는
무엇과도 비교할 수 없습니다.

물질 우선순위로 살아가지 말고,
하나님의 말씀 우선순위로 살아가십시오.

주님을 사랑하는 자들이 그분의 사랑을 입으며
주님을 찾는 자들이 그분을 발견한다고 했습니다.

겸손하게 주님의 지혜를 구할 때,
하나님의 말씀이 우리 삶 속에 살아 움직이며
우리의 걸음을 의의 길로 인도하실 것입니다.

나의 묵상 ――――――――――――――――――――――――――――――――――

대저 지혜는 진주보다 나으므로
원하는 모든것을 이에 비교할수 없음이니라
여호와를 경외하는 것은 악을 미워하는 것이라
나는 교만과 거만과 악한 행실과 패역한 입을 미워하느니라

잠언 9장

지혜와 어리석음

1 지혜가 그의 집을 짓고 일곱 기둥을 다듬고

2 짐승을 잡으며 포도주를 혼합하여 상을 갖추고

3 자기의 여종을 보내어 성중 높은 곳에서 불러 이르기를

4 어리석은 자는 이리로 돌이키라 또 지혜 없는 자에게 이르기를

5 너는 와서 내 식물을 먹으며 내 혼합한 포도주를 마시고

6 어리석음을 버리고 생명을 얻으라 명철의 길을 행하라 하느니라

7 거만한 자를 징계하는 자는 도리어 능욕을 받고 악인을 책망하는 자는 도리어 흠이 잡히느니라

8 거만한 자를 책망하지 말라 그가 너를 미워할까 두려우니라 지혜 있는 자를 책망하라 그가 너를 사랑하리라

9 지혜 있는 자에게 교훈을 더하라 그가 더욱 지혜로워질 것이요 의로운 사람을 가르치라 그의 학식이 더하리라

10 여호와를 경외하는 것이 지혜의 근본이요 거룩하신 자를 아는 것이 명철이니라

11 나 지혜로 말미암아 네 날이 많아질 것이요 네 생명의 해가 네게 더하리라

12 네가 만일 지혜로우면 그 지혜가 네게 유익할 것이나 네가 만일 거만하면 너 홀로 해를 당하리라

13 미련한 여인이 떠들며 어리석어서 아무것도 알지 못하고

14 자기 집 문에 앉으며 성읍 높은 곳에 있는 자리에 앉아서

15 자기 길을 바로 가는 행인들을 불러 이르되

16 어리석은 자는 이리로 돌이키라 또 지혜 없는 자에게 이르기를

17 도둑질한 물이 달고 몰래 먹는 떡이 맛이 있다 하는도다

18 오직 그 어리석은 자는 죽은 자들이 거기 있는 것과 그의 객들이 스올 깊은 곳에 있는 것을 알지 못하느니라

하나님을 경외하는 것이
지혜의 기초이며
거룩한 분을 아는 것이
명철의 시작입니다.

하나님의 말씀은 모두에게 동일하게 적용됩니다.
한 구절도 내게 적용되지 않는 구절은 없습니다.

지혜를 따라 살아가려면
하나님의 말씀이 나를 이끌도록 해야 합니다.

세상의 소리가 아니라
하나님의 음성에 귀를 기울이고
하나님을 경외하며 살아가십시오.

나의 묵상 —————————————————————————————

지혜 있는 자에게 교훈을 더하라
그가 더욱 지혜로워질 것이요
의로운 사람을 가르치라 그의 학식이 더하리라
여호와를 경외하는 것이 지혜의 근본이요
거룩하신 자를 아는 것이 명철이니라

잠언 10장

1   솔로몬의 잠언이라 지혜로운 아들은 아비를 기쁘게 하거니와
    미련한 아들은 어미의 근심이니라

2   불의의 재물은 무익하여도 공의는 죽음에서 건지느니라

3   여호와께서 의인의 영혼은 주리지 않게 하시나 악인의 소욕은 물리치시느니라

4   손을 게으르게 놀리는 자는 가난하게 되고 손이 부지런한 자는
    부하게 되느니라

5   여름에 거두는 자는 지혜로운 아들이나 추수 때에 자는 자는
    부끄러움을 끼치는 아들이니라

6   의인의 머리에는 복이 임하나 악인의 입은 독을 머금었느니라

7   의인을 기념할 때에는 칭찬하거니와 악인의 이름은 썩게 되느니라

8   마음이 지혜로운 자는 계명을 받거니와 입이 미련한 자는 멸망하리라

9   바른길로 행하는 자는 걸음이 평안하려니와 굽은 길로 행하는 자는
    드러나리라

10 눈짓하는 자는 근심을 끼치고 입이 미련한 자는 멸망하느니라

11 의인의 입은 생명의 샘이라도 악인의 입은 독을 머금었느니라

12 미움은 다툼을 일으켜도 사랑은 모든 허물을 가리느니라

13 명철한 자의 입술에는 지혜가 있어도 지혜 없는 자의 등을 위하여는
    채찍이 있느니라

14 지혜로운 자는 지식을 간직하거니와 미련한 자의 입은 멸망에 가까우니라

15 부자의 재물은 그의 견고한 성이요 가난한 자의 궁핍은 그의 멸망이니라

16 의인의 수고는 생명에 이르고 악인의 소득은 죄에 이르느니라

17 훈계를 지키는 자는 생명 길로 행하여도 징계를 버리는 자는 그릇 가느니라

18 미움을 감추는 자는 거짓된 입술을 가진 자요 중상하는 자는 미련한 자이니라

19 말이 많으면 허물을 면하기 어려우나 그 입술을 제어하는 자는
지혜가 있느니라

20 의인의 혀는 순은과 같거니와 악인의 마음은 가치가 적으니라

21 의인의 입술은 여러 사람을 교육하나 미련한 자는 지식이 없어 죽느니라

22 여호와께서 주시는 복은 사람을 부하게 하고 근심을 겸하여 주지
아니하시느니라

23 미련한 자는 행악으로 낙을 삼는 것같이 명철한 자는 지혜로 낙을 삼느니라

24 악인에게는 그의 두려워하는 것이 임하거니와 의인은 그 원하는 것이
이루어지느니라

25 회오리바람이 지나가면 악인은 없어져도 의인은 영원한 기초 같으니라

26 게으른 자는 그 부리는 사람에게 마치 이에 식초 같고 눈에 연기 같으니라

27 여호와를 경외하면 장수하느니라 그러나 악인의 수명은 짧아지느니라

28 의인의 소망은 즐거움을 이루어도 악인의 소망은 끊어지느니라

29 여호와의 도가 정직한 자에게는 산성이요 행악하는 자에게는 멸망이니라

30 의인은 영영히 이동되지 아니하여도 악인은 땅에 거하지 못하게 되느니라

31 의인의 입은 지혜를 내어도 패역한 혀는 베임을 당할 것이니라

32 의인의 입술은 기쁘게 할 것을 알거늘 악인의 입은 패역을 말하느니라

선을 따를 것인가, 악을 좇을 것인가는
우리에게 달려있습니다.

미움은 다툼을 일으키지만
사랑은 허다한 허물을 덮습니다.

내 주변에 분쟁과 시기가 만연하다면
악한 행위의 시작점을 찾아보아야 합니다.

주님에게 지혜를 구하십시오.
주님이 우리에게 그러하셨듯
그분이 원하시는 지혜의 자리에 거하며
사랑으로 선을 행하십시오.

나의 묵상 ──────────────────────────────

미움은 다툼을 일으켜도 사랑은 모든 허물을 가리느니라
여호와께서 주시는 복은 사람을 부하게 하고
근심을 겸하여 주지 아니하시느니라

잠언 11장

1 속이는 저울은 여호와께서 미워하시나 공평한 추는 그가 기뻐하시느니라

2 교만이 오면 욕도 오거니와 겸손한 자에게는 지혜가 있느니라

3 정직한 자의 성실은 자기를 인도하거니와 사악한 자의 패역은 자기를 망하게 하느니라

4 재물은 진노하시는 날에 무익하나 공의는 죽음에서 건지느니라

5 완전한 자의 공의는 자기의 길을 곧게 하려니와 악한 자는 자기의 악으로 말미암아 넘어지리라

6 정직한 자의 공의는 자기를 건지려니와 사악한 자는 자기의 악에 잡히리라

7 악인은 죽을 때에 그 소망이 끊어지나니 불의의 소망이 없어지느니라

8 의인은 환난에서 구원을 얻으나 악인은 자기의 길로 가느니라

9 악인은 입으로 그의 이웃을 망하게 하여도 의인은 그의 지식으로 말미암아 구원을 얻느니라

10 의인이 형통하면 성읍이 즐거워하고 악인이 패망하면 기뻐 외치느니라

11 성읍은 정직한 자의 축복으로 인하여 진흥하고 악한 자의 입으로 말미암아 무너지느니라

12 지혜 없는 자는 그의 이웃을 멸시하나 명철한 자는 잠잠하느니라

13 두루 다니며 한담하는 자는 남의 비밀을 누설하나 마음이 신실한 자는 그런 것을 숨기느니라

14 지략이 없으면 백성이 망하여도 지략이 많으면 평안을 누리느니라

15 타인을 위하여 보증이 되는 자는 손해를 당하여도 보증이 되기를 싫어하는 자는 평안하니라

16 유덕한 여자는 존영을 얻고 근면한 남자는 재물을 얻느니라

17 인자한 자는 자기의 영혼을 이롭게 하고 잔인한 자는 자기의 몸을
   해롭게 하느니라

18 악인의 삯은 허무하되 공의를 뿌린 자의 상은 확실하니라

19 공의를 굳게 지키는 자는 생명에 이르고 악을 따르는 자는 사망에 이르느니라

20 마음이 굽은 자는 여호와께 미움을 받아도 행위가 온전한 자는
   그의 기뻐하심을 받느니라

21 악인은 피차 손을 잡을지라도 벌을 면하지 못할 것이나 의인의 자손은
   구원을 얻으리라

22 아름다운 여인이 삼가지 아니하는 것은 마치 돼지 코에 금 고리 같으니라

23 의인의 소원은 오직 선하나 악인의 소망은 진노를 이루느니라

24 흩어 구제하여도 더욱 부하게 되는 일이 있나니 과도히 아껴도
   가난하게 될 뿐이니라

25 구제를 좋아하는 자는 풍족하여질 것이요 남을 윤택하게 하는 자는
   자기도 윤택하여지리라

26 곡식을 내놓지 아니하는 자는 백성에게 저주를 받을 것이나 파는 자는
   그의 머리에 복이 임하리라

27 선을 간절히 구하는 자는 은총을 얻으려니와 악을 더듬어 찾는 자에게는
   악이 임하리라

28 자기의 재물을 의지하는 자는 패망하려니와 의인은 푸른 잎사귀 같아서
   번성하리라

29 자기 집을 해롭게 하는 자의 소득은 바람이라 미련한 자는 마음이
   지혜로운 자의 종이 되리라

30 의인의 열매는 생명 나무라 지혜로운 자는 사람을 얻느니라

31 보라 의인이라도 이 세상에서 보응을 받겠거든 하물며 악인과 죄인이리요

내가 가진 모든 것은 하나님의 것입니다.

하나님은 '청지기'로 살아가는 이들의
필요를 채워주시고, 기쁨으로 더 많은 것을 맡겨주십니다.

재물 쌓기에 급급한 사람이 되지 마십시오.
가진 것을 하나님의 시선이 머무는 곳,
따뜻함이 필요한 곳에 흘려보내는
지혜로운 사람이 되십시오.

나누는 크기는 중요하지 않습니다.
더 넉넉해진 후에 나누겠다고 생각하기보다는
지금, 하나님이 보여주시는 곳에 흘려보내십시오.

하나님이 주신 것에 감사하며,
더 많이 베풀고 나누는
축복의 삶을 살길 원합니다.

나의 묵상 ─────────────────────────────────

두루 다니며 험담하는 자는 남의 비밀을 누설하나
마음이 신실한 자는 그런것을 숨기느니라
흩어구제하여도 더욱 부하게 되는 일이 있나니
과도히 아껴도 가난하게 될 뿐이니라

잠언 12장

1 훈계를 좋아하는 자는 지식을 좋아하거니와 징계를 싫어하는 자는
  짐승과 같으니라

2 선인은 여호와께 은총을 받으려니와 악을 꾀하는 자는 정죄하심을 받으리라

3 사람이 악으로서 굳게 서지 못하거니와 의인의 뿌리는 움직이지 아니하느니라

4 어진 여인은 그 지아비의 면류관이나 욕을 끼치는 여인은 그 지아비의
  뼈가 썩음 같게 하느니라

5 의인의 생각은 정직하여도 악인의 도모는 속임이니라

6 악인의 말은 사람을 엿보아 피를 흘리자 하는 것이거니와
  정직한 자의 입은 사람을 구원하느니라

7 악인은 엎드러져서 소멸되려니와 의인의 집은 서있으리라

8 사람은 그 지혜대로 칭찬을 받으려니와 마음이 굽은 자는 멸시를 받으리라

9 비천히 여김을 받을지라도 종을 부리는 자는 스스로 높은 체하고도
  음식이 핍절한 자보다 나으니라

10 의인은 자기의 가축의 생명을 돌보나 악인의 긍휼은 잔인이니라

11 자기의 토지를 경작하는 자는 먹을 것이 많거니와 방탕한 것을 따르는 자는
   지혜가 없느니라

12 악인은 불의의 이익을 탐하나 의인은 그 뿌리로 말미암아 결실하느니라

13 악인은 입술의 허물로 말미암아 그물에 걸려도 의인은 환난에서 벗어나느니라

14 사람은 입의 열매로 말미암아 복록에 족하며 그 손이 행하는 대로
   자기가 받느니라

15 미련한 자는 자기 행위를 바른 줄로 여기나 지혜로운 자는 권고를 듣느니라

16 미련한 자는 당장 분노를 나타내거니와 슬기로운 자는 수욕을 참느니라

17 진리를 말하는 자는 의를 나타내어도 거짓 증인은 속이는 말을 하느니라

18 칼로 찌름같이 함부로 말하는 자가 있거니와 지혜로운 자의 혀는
   양약과 같으니라

19 진실한 입술은 영원히 보존되거니와 거짓 혀는 잠시 동안만 있을 뿐이니라

20 악을 꾀하는 자의 마음에는 속임이 있고 화평을 의논하는 자에게는
   희락이 있느니라

21 의인에게는 어떤 재앙도 임하지 아니하려니와 악인에게는 앙화가 가득하리라

22 거짓 입술은 여호와께 미움을 받아도 진실하게 행하는 자는
   그의 기뻐하심을 받느니라

23 슬기로운 자는 지식을 감추어도 미련한 자의 마음은 미련한 것을
   전파하느니라

24 부지런한 자의 손은 사람을 다스리게 되어도 게으른 자는 부림을 받느니라

25 근심이 사람의 마음에 있으면 그것으로 번뇌하게 되나 선한 말은
   그것을 즐겁게 하느니라

26 의인은 그 이웃의 인도자가 되나 악인의 소행은 자신을 미혹하느니라

27 게으른 자는 그 잡을 것도 사냥하지 아니하나니 사람의 부귀는
   부지런한 것이니라

28 공의로운 길에 생명이 있나니 그 길에는 사망이 없느니라

하나님은 거짓된 말을 싫어하시고
진실한 말과 행위를 기뻐하십니다.

말은 상처를 주는 날카로운 칼날이 되기도 하고
상처를 치료하는 약이 되기도 합니다.

지혜롭고 진실한 말은
사람을 바르게 세우고 기쁘게 합니다.
하지만 나를 드러내거나 남을 깎아내리는
거짓되고 어리석은 말은
다른 사람에게 상처와 근심을 줍니다.

당신은 어떤 말을 하고 있나요?

하나님 앞에 말과 행동이
'진실한' 사람이 되십시오.

하나님이 기뻐하시는 지혜로운 말과 행동으로
다른 사람을 세우고 살리는
'화평케 하는' 사람이 되십시오.

나의 묵상 ─────────────────────────────

_____

_____

_____

_____

_____

_____

_____

_____

_____

칼로 찌름같이 함부로 말하는 자가 있거니와
지혜로운 자의 혀는 양약과 같으니라
거짓 입술은 여호와께 미움을 받아도
진실하게 행하는 자는 그의 기뻐하심을 받느니라

사람은 그 입의 대답으로 말미암아

기쁨을 얻나니 때에 맞는 말이

얼마나 아름다운고

잠 15:23

잠언 13장

1 지혜로운 아들은 아비의 훈계를 들으나 거만한 자는 꾸지람을 즐겨 듣지
   아니하느니라

2 사람은 입의 열매로 인하여 복록을 누리거니와 마음이 궤사한 자는
   강포를 당하느니라

3 입을 지키는 자는 자기의 생명을 보전하나 입술을 크게 벌리는 자에게는
   멸망이 오느니라

4 게으른 자는 마음으로 원하여도 얻지 못하나 부지런한 자의 마음은
   풍족함을 얻느니라

5 의인은 거짓말을 미워하나 악인은 행위가 흉악하여 부끄러운 데에 이르느니라

6 공의는 행실이 정직한 자를 보호하고 악은 죄인을 패망하게 하느니라

7 스스로 부한 체하여도 아무것도 없는 자가 있고 스스로 가난한 체하여도
   재물이 많은 자가 있느니라

8 사람의 재물이 자기 생명의 속전일 수 있으나 가난한 자는 협박을
   받을 일이 없느니라

9 의인의 빛은 환하게 빛나고 악인의 등불은 꺼지느니라

10 교만에서는 다툼만 일어날 뿐이라 권면을 듣는 자는 지혜가 있느니라

11 망령되이 얻은 재물은 줄어가고 손으로 모은 것은 늘어가느니라

12 소망이 더디 이루어지면 그것이 마음을 상하게 하거니와
   소원이 이루어지는 것은 곧 생명 나무니라

13 말씀을 멸시하는 자는 자기에게 패망을 이루고 계명을 두려워하는 자는
   상을 받느니라

14 지혜 있는 자의 교훈은 생명의 샘이니 사망의 그물에서 벗어나게 하느니라

15 선한 지혜는 은혜를 베푸나 사악한 자의 길은 험하니라

16 무릇 슬기로운 자는 지식으로 행하거니와 미련한 자는 자기의 미련한 것을
나타내느니라

17 악한 사자는 재앙에 빠져도 충성된 사신은 양약이 되느니라

18 훈계를 저버리는 자에게는 궁핍과 수욕이 이르거니와 경계를 받는 자는
존영을 받느니라

19 소원을 성취하면 마음에 달아도 미련한 자는 악에서 떠나기를 싫어하느니라

20 지혜로운 자와 동행하면 지혜를 얻고 미련한 자와 사귀면 해를 받느니라

21 재앙은 죄인을 따르고 선한 보응은 의인에게 이르느니라

22 선인은 그 산업을 자자손손에게 끼쳐도 죄인의 재물은 의인을 위하여
쌓이느니라

23 가난한 자는 밭을 경작함으로 양식이 많아지거니와 불의로 말미암아
가산을 탕진하는 자가 있느니라

24 매를 아끼는 자는 그의 자식을 미워함이라 자식을 사랑하는 자는
근실히 징계하느니라

25 의인은 포식하여도 악인의 배는 주리느니라

하나님이 성경 말씀이나
사람을 통해 주시는 교훈과 책망은
우리를 정죄하기 위함이 아니라 살리기 위함입니다.

교만한 사람은 이 책망과 교훈을
거부하고 모른 체합니다.
그러나 지혜로운 사람은 하나님의 말씀을
받아들이고 삶에 적용하려 합니다.

고집과 쓸데없는 자존심이 아직 살아있다면
말씀에 겸손히 자신을 낮추고
귀를 기울이십시오.

하나님과 동행하며 그 말씀을 따르는 것이
참으로 복된 인생입니다.

나의 묵상 ————————————————————————————

게으른 자는 마음으로 원하여도 얻지 못하나
부지런한 자의 마음은 풍족함을 얻느니라
말씀을 멸시하는 자는 자기에게 패망을 이루고
계명을 두려워하는 자는 상을 받느니라

잠언 14장

1 지혜로운 여인은 자기 집을 세우되 미련한 여인은 자기 손으로 그것을 허느니라

2 정직하게 행하는 자는 여호와를 경외하여도 패역하게 행하는 자는
여호와를 경멸하느니라

3 미련한 자는 교만하여 입으로 매를 자청하고 지혜로운 자의 입술은
자기를 보전하느니라

4 소가 없으면 구유는 깨끗하려니와 소의 힘으로 얻는 것이 많으니라

5 신실한 증인은 거짓말을 아니하여도 거짓 증인은 거짓말을 뱉느니라

6 거만한 자는 지혜를 구하여도 얻지 못하거니와 명철한 자는 지식 얻기가
쉬우니라

7 너는 미련한 자의 앞을 떠나라 그 입술에 지식 있음을 보지 못함이니라

8 슬기로운 자의 지혜는 자기의 길을 아는 것이라도 미련한 자의 어리석음은
속이는 것이니라

9 미련한 자는 죄를 심상히 여겨도 정직한 자 중에는 은혜가 있느니라

10 마음의 고통은 자기가 알고 마음의 즐거움은 타인이 참여하지 못하느니라

11 악한 자의 집은 망하겠고 정직한 자의 장막은 흥하리라

12 어떤 길은 사람이 보기에 바르나 필경은 사망의 길이니라

13 웃을 때에도 마음에 슬픔이 있고 즐거움의 끝에도 근심이 있느니라

14 마음이 굽은 자는 자기 행위로 보응이 가득하겠고 선한 사람도 자기의
　　행위로 그러하리라

15 어리석은 자는 온갖 말을 믿으나 슬기로운 자는 자기의 행동을 삼가느니라

16 지혜로운 자는 두려워하여 악을 떠나나 어리석은 자는 방자하여
　　스스로 믿느니라

17 노하기를 속히 하는 자는 어리석은 일을 행하고 악한 계교를 꾀하는 자는
　　미움을 받느니라

18 어리석은 자는 어리석음으로 기업을 삼아도 슬기로운 자는 지식으로
　　면류관을 삼느니라

19 악인은 선인 앞에 엎드리고 불의한 자는 의인의 문에 엎드리느니라

20 가난한 자는 이웃에게도 미움을 받게 되나 부요한 자는 친구가 많으니라

21 이웃을 업신여기는 자는 죄를 범하는 자요 빈곤한 자를 불쌍히 여기는 자는
　　복이 있는 자니라

22 악을 도모하는 자는 잘못 가는 것이 아니냐 선을 도모하는 자에게는
　　인자와 진리가 있으리라

23 모든 수고에는 이익이 있어도 입술의 말은 궁핍을 이룰 뿐이니라

24 지혜로운 자의 재물은 그의 면류관이요 미련한 자의 소유는 다만
　　미련한 것이니라

25 진실한 증인은 사람의 생명을 구원하여도 거짓말을 뱉는 사람은 속이느니라

26 여호와를 경외하는 자에게는 견고한 의뢰가 있나니 그 자녀들에게
   피난처가 있으리라

27 여호와를 경외하는 것은 생명의 샘이니 사망의 그물에서 벗어나게 하느니라

28 백성이 많은 것은 왕의 영광이요 백성이 적은 것은 주권자의 패망이니라

29 노하기를 더디 하는 자는 크게 명철하여도 마음이 조급한 자는 어리석음을
   나타내느니라

30 평온한 마음은 육신의 생명이나 시기는 뼈를 썩게 하느니라

31 가난한 사람을 학대하는 자는 그를 지으신 이를 멸시하는 자요
   궁핍한 사람을 불쌍히 여기는 자는 주를 공경하는 자니라

32 악인은 그의 환난에 엎드러져도 의인은 그의 죽음에도 소망이 있느니라

33 지혜는 명철한 자의 마음에 머물거니와 미련한 자의 속에 있는 것은
   나타나느니라

34 공의는 나라를 영화롭게 하고 죄는 백성을 욕되게 하느니라

35 슬기롭게 행하는 신하는 왕에게 은총을 입고 욕을 끼치는 신하는
   그의 진노를 당하느니라

하나님을 경외하는 지혜로운 사람은
하나님이 주신 물질로
가난한 이웃을 돌보고 섬깁니다.
예수님처럼 가난한 이들의 친구가 되어주고,
주님을 사랑하는 마음으로 선한 일을 행합니다.

하나님이 허락하신 물질과 재능을
가난한 이웃을 섬기는 데 사용하십시오.
아무리 작은 움직임일지라도
그분은 기쁨으로 받으십니다.

오늘, 내 주위의 마음이 가난한 자,
삶이 고달픈 자를 위해
내가 할 수 있는 섬김은 무엇이 있을까
깊이 생각해보십시오.

나의 묵상 ——————————————————————————

어리석은 자는 어리석음으로 기업을 삼아도
슬기로운 자는 지식으로 면류관을 삼느니라
악인은 그의 환난에 엎드러져도
의인은 그의 죽음에도 소망이 있느니라

잠언 15장

1   유순한 대답은 분노를 쉬게 하여도 과격한 말은 노를 격동하느니라

2   지혜 있는 자의 혀는 지식을 선히 베풀고 미련한 자의 입은
      미련한 것을 쏟느니라

3   여호와의 눈은 어디서든지 악인과 선인을 감찰하시느니라

4   온순한 혀는 곧 생명 나무이지만 패역한 혀는 마음을 상하게 하느니라

5   아비의 훈계를 업신여기는 자는 미련한 자요 경계를 받는 자는
      슬기를 얻을 자니라

6   의인의 집에는 많은 보물이 있어도 악인의 소득은 고통이 되느니라

7   지혜로운 자의 입술은 지식을 전파하여도 미련한 자의 마음은
      정함이 없느니라

8   악인의 제사는 여호와께서 미워하셔도 정직한 자의 기도는
      그가 기뻐하시느니라

9   악인의 길은 여호와께서 미워하셔도 공의를 따라가는 자는
      그가 사랑하시느니라

10   도를 배반하는 자는 엄한 징계를 받을 것이요 견책을 싫어하는 자는
      죽을 것이니라

11   스올과 아바돈도 여호와의 앞에 드러나거든 하물며 사람의 마음이리요

12   거만한 자는 견책 받기를 좋아하지 아니하며 지혜 있는 자에게로
      가지도 아니하느니라

13 마음의 즐거움은 얼굴을 빛나게 하여도 마음의 근심은 심령을
   상하게 하느니라

14 명철한 자의 마음은 지식을 요구하고 미련한 자의 입은 미련한 것을
   즐기느니라

15 고난받는 자는 그 날이 다 험악하나 마음이 즐거운 자는 항상 잔치하느니라

16 가산이 적어도 여호와를 경외하는 것이 크게 부하고 번뇌하는 것보다 나으니라

17 채소를 먹으며 서로 사랑하는 것이 살진 소를 먹으며 서로 미워하는 것보다
   나으니라

18 분을 쉽게 내는 자는 다툼을 일으켜도 노하기를 더디 하는 자는
   시비를 그치게 하느니라

19 게으른 자의 길은 가시 울타리 같으나 정직한 자의 길은 대로니라

20 지혜로운 아들은 아비를 즐겁게 하여도 미련한 자는 어미를 업신여기느니라

21 무지한 자는 미련한 것을 즐겨 하여도 명철한 자는 그 길을 바르게 하느니라

22 의논이 없으면 경영이 무너지고 지략이 많으면 경영이 성립하느니라

23 사람은 그 입의 대답으로 말미암아 기쁨을 얻나니 때에 맞는 말이
   얼마나 아름다운고

24 지혜로운 자는 위로 향한 생명 길로 말미암음으로 그 아래에 있는
   스올을 떠나게 되느니라

25 여호와는 교만한 자의 집을 허시며 과부의 지계를 정하시느니라

26 악한 꾀는 여호와께서 미워하시나 선한 말은 정결하니라

27 이익을 탐하는 자는 자기 집을 해롭게 하나 뇌물을 싫어하는 자는
살게 되느니라

28 의인의 마음은 대답할 말을 깊이 생각하여도 악인의 입은 악을 쏟느니라

29 여호와는 악인을 멀리하시고 의인의 기도를 들으시느니라

30 눈이 밝은 것은 마음을 기쁘게 하고 좋은 기별은 뼈를 윤택하게 하느니라

31 생명의 경계를 듣는 귀는 지혜로운 자 가운데에 있느니라

32 훈계받기를 싫어하는 자는 자기의 영혼을 경히 여김이라
견책을 달게 받는 자는 지식을 얻느니라

33 여호와를 경외하는 것은 지혜의 훈계라 겸손은 존귀의 길잡이니라

하나님을 섬기며 서로 믿고 사랑하는 가정이
참으로 복된 가정입니다.

세상의 어떤 금은보화로도
'가족이 주는 행복'을 살 수 없습니다.

가정의 행복은
물질의 많고 적음에 달린 것이 아니라,
하나님을 사랑하고 서로 사랑하는 데 달려있습니다.

고난 중에도 위로하시고 함께하시는
하나님으로 즐거워하며, 비록 물질은 부족해도
서로를 향한 사랑만큼은
풍족한 가정이 되십시오.

온 가족이 하나님을 섬기고 서로 사랑하며
그분의 사랑을 온전히 전하는
복된 가정이 되기를 기도합니다.

나의 묵상 —————————————————————————

고난 받는 자는 그 날이 다 험악하나
마음이 즐거운 자는 항상 잔치하느니라
분을 쉽게 내는 자는 다툼을 일으켜도
노하기를 더디하는 자는 시비를 그치게 하느니라

잠언 16장

1   마음의 경영은 사람에게 있어도 말의 응답은 여호와께로부터 나오느니라

2   사람의 행위가 자기 보기에는 모두 깨끗하여도 여호와는 심령을 감찰하시느니라

3   너의 행사를 여호와께 맡기라 그리하면 네가 경영하는 것이 이루어지리라

4   여호와께서 온갖 것을 그 쓰임에 적당하게 지으셨나니 악인도 악한 날에
    적당하게 하셨느니라

5   무릇 마음이 교만한 자를 여호와께서 미워하시나니 피차 손을 잡을지라도
    벌을 면하지 못하리라

6   인자와 진리로 인하여 죄악이 속하게 되고 여호와를 경외함으로 말미암아
    악에서 떠나게 되느니라

7   사람의 행위가 여호와를 기쁘시게 하면 그 사람의 원수라도 그와 더불어
    화목하게 하시느니라

8   적은 소득이 공의를 겸하면 많은 소득이 불의를 겸한 것보다 나으니라

9   사람이 마음으로 자기의 길을 계획할지라도 그의 걸음을 인도하시는 이는
    여호와시니라

10 하나님의 말씀이 왕의 입술에 있은즉 재판할 때에 그의 입이 그르치지
    아니하리라

11 공평한 저울과 접시저울은 여호와의 것이요 주머니 속의 저울추도
    다 그가 지으신 것이니라

12 악을 행하는 것은 왕들이 미워할 바니 이는 그 보좌가 공의로 말미암아
　　굳게 섬이니라

13 의로운 입술은 왕들이 기뻐하는 것이요 정직하게 말하는 자는
　　그들의 사랑을 입느니라

14 왕의 진노는 죽음의 사자들과 같아도 지혜로운 사람은 그것을 쉬게 하리라

15 왕의 희색은 생명을 뜻하나니 그의 은택이 늦은 비를 내리는 구름과 같으니라

16 지혜를 얻는 것이 금을 얻는 것보다 얼마나 나은고 명철을 얻는 것이
　　은을 얻는 것보다 더욱 나으니라

17 악을 떠나는 것은 정직한 사람의 대로이니 자기의 길을 지키는 자는
　　자기의 영혼을 보전하느니라

18 교만은 패망의 선봉이요 거만한 마음은 넘어짐의 앞잡이니라

19 겸손한 자와 함께하여 마음을 낮추는 것이 교만한 자와 함께하여
　　탈취물을 나누는 것보다 나으니라

20 삼가 말씀에 주의하는 자는 좋은 것을 얻나니 여호와를 의지하는 자는
　　복이 있느니라

21 마음이 지혜로운 자는 명철하다 일컬음을 받고 입이 선한 자는
　　남의 학식을 더하게 하느니라

22 명철한 자에게는 그 명철이 생명의 샘이 되거니와 미련한 자에게는
　　그 미련한 것이 징계가 되느니라

23 지혜로운 자의 마음은 그의 입을 슬기롭게 하고 또 그의 입술에
지식을 더하느니라

24 선한 말은 꿀송이 같아서 마음에 달고 뼈에 양약이 되느니라

25 어떤 길은 사람이 보기에 바르나 필경은 사망의 길이니라

26 고되게 일하는 자는 식욕으로 말미암아 애쓰나니 이는 그의 입이
자기를 독촉함이니라

27 불량한 자는 악을 꾀하나니 그 입술에는 맹렬한 불 같은 것이 있느니라

28 패역한 자는 다툼을 일으키고 말쟁이는 친한 벗을 이간하느니라

29 강포한 사람은 그 이웃을 꾀어 좋지 아니한 길로 인도하느니라

30 눈짓을 하는 자는 패역한 일을 도모하며 입술을 닫는 자는 악한 일을 이루느니라

31 백발은 영화의 면류관이라 공의로운 길에서 얻으리라

32 노하기를 더디 하는 자는 용사보다 낫고 자기의 마음을 다스리는 자는
성을 빼앗는 자보다 나으니라

33 제비는 사람이 뽑으나 모든 일을 작정하기는 여호와께 있느니라

하나님은 사람의 마음을 감찰하시며
행위의 동기를 다 아십니다.

우리가 무언가를 계획할지라도
일을 이루시는 분은 하나님이십니다.

모든 것을 그분께 맡기고
그 뜻을 구하는 삶을 살면,
우리의 기도를 들으시고
모든 필요를 채워주십니다.

당신이 어떤 모습으로,
어떤 역할로 쓰임받고 있든
모든 일의 계획과 동기를
하나님께 온전히 맡겨드리십시오.

나의 묵상 ——————————————————————————————————

_____

_____

_____

_____

_____

_____

_____

_____

사람의 행위가 여호와를 기쁘시게 하면
그 사람의 원수라도 그와 더불어 화목하게 하시느니라
사람이 마음으로 자기의 길을 계획할지라도
그의 걸음을 인도하시는 이는 여호와시니라

잠언 17장

1 마른 떡 한 조각만 있고도 화목하는 것이 제육이 집에 가득하고도
　다투는 것보다 나으니라

2 슬기로운 종은 부끄러운 짓을 하는 주인의 아들을 다스리겠고
　또 형제들 중에서 유업을 나누어 얻으리라

3 도가니는 은을, 풀무는 금을 연단하거니와 여호와는 마음을 연단하시느니라

4 악을 행하는 자는 사악한 입술이 하는 말을 잘 듣고 거짓말을 하는 자는
　악한 혀가 하는 말에 귀를 기울이느니라

5 가난한 자를 조롱하는 자는 그를 지으신 주를 멸시하는 자요
　사람의 재앙을 기뻐하는 자는 형벌을 면하지 못할 자니라

6 손자는 노인의 면류관이요 아비는 자식의 영화니라

7 지나친 말을 하는 것도 미련한 자에게 합당하지 아니하거든 하물며
　거짓말을 하는 것이 존귀한 자에게 합당하겠느냐

8 뇌물은 그 임자가 보기에 보석 같은즉 그가 어디로 향하든지 형통하게
　하느니라

9 허물을 덮어주는 자는 사랑을 구하는 자요 그것을 거듭 말하는 자는
　친한 벗을 이간하는 자니라

10 한마디 말로 총명한 자에게 충고하는 것이 매 백 대로 미련한 자를
　때리는 것보다 더욱 깊이 박히느니라

11 악한 자는 반역만 힘쓰나니 그러므로 그에게 잔인한 사자가 보냄을 받으리라

12 차라리 새끼 빼앗긴 암곰을 만날지언정 미련한 일을 행하는 미련한 자를
　만나지 말 것이니라

13 누구든지 악으로 선을 갚으면 악이 그 집을 떠나지 아니하리라

14 다투는 시작은 둑에서 물이 새는 것 같은즉 싸움이 일어나기 전에
시비를 그칠 것이니라

15 악인을 의롭다 하고 의인을 악하다 하는 이 두 사람은 다 여호와께
미움을 받느니라

16 미련한 자는 무지하거늘 손에 값을 가지고 지혜를 사려 함은 어찜인고

17 친구는 사랑이 끊어지지 아니하고 형제는 위급한 때를 위하여 났느니라

18 지혜 없는 자는 남의 손을 잡고 그의 이웃 앞에서 보증이 되느니라

19 다툼을 좋아하는 자는 죄과를 좋아하는 자요 자기 문을 높이는 자는
파괴를 구하는 자니라

20 마음이 굽은 자는 복을 얻지 못하고 혀가 패역한 자는 재앙에 빠지느니라

21 미련한 자를 낳는 자는 근심을 당하나니 미련한 자의 아비는 낙이 없느니라

22 마음의 즐거움은 양약이라도 심령의 근심은 뼈를 마르게 하느니라

23 악인은 사람의 품에서 뇌물을 받고 재판을 굽게 하느니라

24 지혜는 명철한 자 앞에 있거늘 미련한 자는 눈을 땅끝에 두느니라

25 미련한 아들은 그 아비의 근심이 되고 그 어미의 고통이 되느니라

26 의인을 벌하는 것과 귀인을 정직하다고 때리는 것은 선하지 못하니라

27 말을 아끼는 자는 지식이 있고 성품이 냉철한 자는 명철하니라

28 미련한 자라도 잠잠하면 지혜로운 자로 여겨지고 그의 입술을 닫으면
슬기로운 자로 여겨지느니라

신앙의 여정을 걸어가며
시련과 시험을 만날 때가 있습니다.

고통, 낙심, 분노, 불평이 쏟아지는 상황에서도
감사와 찬양을 고백할 수 있는 이유는
'죄인을 의인으로 여겨주시는'
하나님의 다함없는 은혜가 우리를 향하기 때문입니다.

고난은 나를 더욱 정결하고 온전케 하시려는
하나님의 제련 과정입니다.
지금 당신은 어떤 부분을 연단받고 있나요?

이 시간을 통해 하나님이
당신의 뾰족하고 모난 부분을
그분이 보시기에 가장 아름다운 모양으로
다듬어가실 것을 기대하십시오.

어떤 상황에서도 하나님을 신뢰하고,
찬양하기로 결단하십시오.

나의 묵상 ─────────────────────────────

_____

_____

_____

_____

_____

_____

_____

_____

_____

도가니는 은을, 풀무는 금을 연단하거니와
여호와는 마음을 연단하시느니라
한 마디 말로 총명한 자에게 충고하는 것이
매 백 대로 미련한 자를 때리는 것보다 더욱 깊이 박히느니라

잠언 18장

1 무리에게서 스스로 갈라지는 자는 자기 소욕을 따르는 자라
   온갖 참 지혜를 배척하느니라

2 미련한 자는 명철을 기뻐하지 아니하고 자기의 의사를 드러내기만
   기뻐하느니라

3 악한 자가 이를 때에는 멸시도 따라오고 부끄러운 것이 이를 때에는
   능욕도 함께 오느니라

4 명철한 사람의 입의 말은 깊은 물과 같고 지혜의 샘은 솟구쳐 흐르는
   내와 같으니라

5 악인을 두둔하는 것과 재판할 때에 의인을 억울하게 하는 것이
   선하지 아니하니라

6 미련한 자의 입술은 다툼을 일으키고 그의 입은 매를 자청하느니라

7 미련한 자의 입은 그의 멸망이 되고 그의 입술은 그의 영혼의
   그물이 되느니라

8 남의 말하기를 좋아하는 자의 말은 별식과 같아서 뱃속 깊은 데로
   내려가느니라

9 자기의 일을 게을리하는 자는 패가하는 자의 형제니라

10 여호와의 이름은 견고한 망대라 의인은 그리로 달려가서 안전함을 얻느니라

11 부자의 재물은 그의 견고한 성이라 그가 높은 성벽같이 여기느니라

12 사람의 마음의 교만은 멸망의 선봉이요 겸손은 존귀의 길잡이니라

13 사연을 듣기 전에 대답하는 자는 미련하여 욕을 당하느니라

14 사람의 심령은 그의 병을 능히 이기려니와 심령이 상하면
   그것을 누가 일으키겠느냐

15 명철한 자의 마음은 지식을 얻고 지혜로운 자의 귀는 지식을 구하느니라

16 사람의 선물은 그의 길을 넓게 하며 또 존귀한 자 앞으로 그를 인도하느니라

17 송사에서는 먼저 온 사람의 말이 바른 것 같으나 그의 상대자가 와서 밝히느니라

18 제비 뽑는 것은 다툼을 그치게 하여 강한 자 사이에 해결하게 하느니라

19 노엽게 한 형제와 화목하기가 견고한 성을 취하기보다 어려운즉
   이러한 다툼은 산성 문빗장 같으니라

20 사람은 입에서 나오는 열매로 말미암아 배부르게 되나니 곧 그의 입술에서
   나는 것으로 말미암아 만족하게 되느니라

21 죽고 사는 것이 혀의 힘에 달렸나니 혀를 쓰기 좋아하는 자는
   혀의 열매를 먹으리라

22 아내를 얻는 자는 복을 얻고 여호와께 은총을 받는 자니라

23 가난한 자는 간절한 말로 구하여도 부자는 엄한 말로 대답하느니라

24 많은 친구를 얻는 자는 해를 당하게 되거니와 어떤 친구는 형제보다
   친밀하니라

잠언에는 우리가 일상에서 하나님을
올바르게 따르기 위한 지혜가 기록되어 있습니다.

특히 어리석은 자와 의인의 모습이
대조되어 계속 나타납니다.

말씀을 한 구절 한 구절 마음에 새기고
삶에 비추어 적용해보십시오.

18장은 '말'의 중요성을 재차 강조합니다.
미련한 자의 말은 욕심을 부추겨 갈등을 일으키지만,
지혜로운 자의 말은 샘물처럼 끊임없이 솟아
많은 사람을 살립니다.

내 입술의 말이 오직 하나님을 찬양하고
사람을 살리는 데 사용되기를 기도합니다.

나의 묵상 ————————————————————————————————

미련한 자는 명철을 기뻐하지 아니하고
자기의 의사를 드러내기만 기뻐하느니라
여호와의 이름은 견고한 망대라
의인은 그리로 달려가서 안전함을 얻느니라

사람의 행위가 자기 보기에는
모두 정직하여도
여호와는 마음을 감찰하시느니라
잠 21:2

잠언 19장

1 가난하여도 성실하게 행하는 자는 입술이 패역하고 미련한 자보다 나으니라

2 지식 없는 소원은 선하지 못하고 발이 급한 사람은 잘못 가느니라

3 사람이 미련하므로 자기 길을 굽게 하고 마음으로 여호와를 원망하느니라

4 재물은 많은 친구를 더하게 하나 가난한즉 친구가 끊어지느니라

5 거짓 증인은 벌을 면하지 못할 것이요 거짓말을 하는 자도 피하지 못하리라

6 너그러운 사람에게는 은혜를 구하는 자가 많고 선물 주기를 좋아하는
   자에게는 사람마다 친구가 되느니라

7 가난한 자는 그의 형제들에게도 미움을 받거든 하물며 친구야 그를 멀리하지
   아니하겠느냐 따라가며 말하려 할지라도 그들이 없어졌으리라

8 지혜를 얻는 자는 자기 영혼을 사랑하고 명철을 지키는 자는 복을 얻느니라

9 거짓 증인은 벌을 면하지 못할 것이요 거짓말을 뱉는 자는 망할 것이니라

10 미련한 자가 사치하는 것이 적당하지 못하거든 하물며 종이 방백을
   다스림이랴

11 노하기를 더디 하는 것이 사람의 슬기요 허물을 용서하는 것이
   자기의 영광이니라

12 왕의 노함은 사자의 부르짖음 같고 그의 은택은 풀 위의 이슬 같으니라

13 미련한 아들은 그의 아비의 재앙이요 다투는 아내는 이어 떨어지는
   물방울이니라

14 집과 재물은 조상에게서 상속하거니와 슬기로운 아내는 여호와께로서
   말미암느니라

<u>15</u> 게으름이 사람으로 깊이 잠들게 하나니 태만한 사람은 주릴 것이니라

<u>16</u> 계명을 지키는 자는 자기의 영혼을 지키거니와 자기의 행실을 삼가지
아니하는 자는 죽으리라

<u>17</u> 가난한 자를 불쌍히 여기는 것은 여호와께 꾸어드리는 것이니
그의 선행을 그에게 갚아주시리라

<u>18</u> 네가 네 아들에게 희망이 있은즉 그를 징계하되 죽일 마음은 두지 말지니라

<u>19</u> 노하기를 맹렬히 하는 자는 벌을 받을 것이라 네가 그를 건져주면
다시 그런 일이 생기리라

<u>20</u> 너는 권고를 들으며 훈계를 받으라 그리하면 네가 필경은 지혜롭게 되리라

<u>21</u> 사람의 마음에는 많은 계획이 있어도 오직 여호와의 뜻만이 완전히 서리라

<u>22</u> 사람은 자기의 인자함으로 남에게 사모함을 받느니라 가난한 자는
거짓말하는 자보다 나으니라

<u>23</u> 여호와를 경외하는 것은 사람으로 생명에 이르게 하는 것이라
경외하는 자는 족하게 지내고 재앙을 당하지 아니하느니라

<u>24</u> 게으른 자는 자기의 손을 그릇에 넣고서도 입으로 올리기를 괴로워하느니라

<u>25</u> 거만한 자를 때리라 그리하면 어리석은 자도 지혜를 얻으리라
명철한 자를 견책하라 그리하면 그가 지식을 얻으리라

<u>26</u> 아비를 구박하고 어미를 쫓아내는 자는 부끄러움을 끼치며 능욕을 부르는
자식이니라

<u>27</u> 내 아들아 지식의 말씀에서 떠나게 하는 교훈을 듣지 말지니라

<u>28</u> 망령된 증인은 정의를 업신여기고 악인의 입은 죄악을 삼키느니라

<u>29</u> 심판은 거만한 자를 위하여 예비된 것이요 채찍은 어리석은 자의
등을 위하여 예비된 것이니라

하나님은 우리가
어떤 상황에도 불구하고
언제나 '선'을 선택하길 바라십니다.

우리는 가난할 때나, 부요할 때나
형편에 상관없이 주님을 찬양해야 합니다.

물질은 있다가도 사라지지만
주님이 주시는 지혜는 변함이 없고 영원합니다.

주님의 말씀을 길잡이 삼아 걸어가면
어떤 상황에도 흔들리지 않습니다.

나의 묵상 ────────────────────────────

집과 재물은 조상에게서 상속하거니와
슬기로운 아내는 여호와께로서 말미암느니라
가난한 자를 불쌍히 여기는 것은 여호와께 꾸어드리는 것이니
그의 선행을 그에게 갚아 주시리라

잠언 20장

1 포도주는 거만하게 하는 것이요 독주는 떠들게 하는 것이라
   이에 미혹되는 자마다 지혜가 없느니라

2 왕의 진노는 사자의 부르짖음 같으니 그를 노하게 하는 것은
   자기의 생명을 해하는 것이니라

3 다툼을 멀리하는 것이 사람에게 영광이거늘 미련한 자마다 다툼을
   일으키느니라

4 게으른 자는 가을에 밭 갈지 아니하나니 그러므로 거둘 때에는
   구걸할지라도 얻지 못하리라

5 사람의 마음에 있는 모략은 깊은 물 같으니라 그럴지라도 명철한 사람은
   그것을 길어내느니라

6 많은 사람이 각기 자기의 인자함을 자랑하나니 충성된 자를
   누가 만날 수 있으랴

7 온전하게 행하는 자가 의인이라 그의 후손에게 복이 있느니라

8 심판 자리에 앉은 왕은 그의 눈으로 모든 악을 흩어지게 하느니라

9 내가 내 마음을 정하게 하였다 내 죄를 깨끗하게 하였다 할 자가 누구냐

10 한결같지 않은 저울추와 한결같지 않은 되는 다 여호와께서 미워하시느니라

11 비록 아이라도 자기의 동작으로 자기 품행이 청결한 여부와
   정직한 여부를 나타내느니라

12 듣는 귀와 보는 눈은 다 여호와께서 지으신 것이니라

13 너는 잠자기를 좋아하지 말라 네가 빈궁하게 될까 두려우니라
   네 눈을 뜨라 그리하면 양식이 족하리라

14 물건을 사는 자가 좋지 못하다 좋지 못하다 하다가 돌아간 후에는
   자랑하느니라

<u>15</u> 세상에 금도 있고 진주도 많거니와 지혜로운 입술이 더욱 귀한 보배니라

<u>16</u> 타인을 위하여 보증 선 자의 옷을 취하라 외인들을 위하여 보증 선 자는
그의 몸을 볼모 잡을지니라

<u>17</u> 속이고 취한 음식물은 사람에게 맛이 좋은 듯하나 후에는 그의 입에
모래가 가득하게 되리라

<u>18</u> 경영은 의논함으로 성취하나니 지략을 베풀고 전쟁할지니라

<u>19</u> 두루 다니며 한담하는 자는 남의 비밀을 누설하나니 입술을 벌린 자를
사귀지 말지니라

<u>20</u> 자기의 아비나 어미를 저주하는 자는 그의 등불이 흑암 중에 꺼짐을 당하리라

<u>21</u> 처음에 속히 잡은 산업은 마침내 복이 되지 아니하느니라

<u>22</u> 너는 악을 갚겠다 말하지 말고 여호와를 기다리라 그가 너를 구원하시리라

<u>23</u> 한결같지 않은 저울추는 여호와께서 미워하시는 것이요
속이는 저울은 좋지 못한 것이니라

<u>24</u> 사람의 걸음은 여호와로 말미암나니 사람이 어찌 자기의 길을 알 수 있으랴

<u>25</u> 함부로 이 물건은 거룩하다 하여 서원하고 그 후에 살피면
그것이 그 사람에게 덫이 되느니라

<u>26</u> 지혜로운 왕은 악인들을 키질하며 타작하는 바퀴를 그들 위에 굴리느니라

<u>27</u> 사람의 영혼은 여호와의 등불이라 사람의 깊은 속을 살피느니라

<u>28</u> 왕은 인자와 진리로 스스로 보호하고 그의 왕위도 인자함으로 말미암아
견고하니라

<u>29</u> 젊은 자의 영화는 그의 힘이요 늙은 자의 아름다움은 백발이니라

<u>30</u> 상하게 때리는 것이 악을 없이하나니 매는 사람 속에 깊이 들어가느니라

우리는 모든 일에
하나님의 자녀답게 행동해야 합니다.

순간을 모면하는 처세보다
매사에 성실을 추구해야 합니다.

손해 보지 않기 위해 자신에게 유리한 내용만 말하고,
더 많이 갖기 위해 남을 속이는 것은 옳지 않습니다.

당장은 내게 돌아오는 몫이 클 수 있지만,
정직한 자가 누리는 기쁨은 맛볼 수 없습니다.

코앞 상황만 바라보지 말고
하나님을 바라보십시오.

작은 이익보다 정직한 자에게
그분이 허락하실 더 큰 상을 기대하십시오.

나의 묵상 ————————————————————————————————

너는 잠 자기를 좋아하지 말라
네가 빈궁하게 될까 두려우니라
네 눈을 뜨라 그리하면 양식이 족하리라
세상에 금도 있고 진주도 많거니와
지혜로운 입술이 더욱 귀한 보배니라

잠언 21장

1 왕의 마음이 여호와의 손에 있음이 마치 봇물과 같아서 그가 임의로
   인도하시느니라

2 사람의 행위가 자기 보기에는 모두 정직하여도 여호와는 마음을
   감찰하시느니라

3 공의와 정의를 행하는 것은 제사 드리는 것보다 여호와께서
   기쁘게 여기시느니라

4 눈이 높은 것과 마음이 교만한 것과 악인이 형통한 것은 다 죄니라

5 부지런한 자의 경영은 풍부함에 이를 것이나 조급한 자는 궁핍함에
   이를 따름이니라

6 속이는 말로 재물을 모으는 것은 죽음을 구하는 것이라
   곧 불려 다니는 안개니라

7 악인의 강포는 자기를 소멸하나니 이는 정의를 행하기 싫어함이니라

8 죄를 크게 범한 자의 길은 심히 구부러지고 깨끗한 자의 길은 곧으니라

9 다투는 여인과 함께 큰 집에서 사는 것보다 움막에서 사는 것이 나으니라

10 악인의 마음은 남의 재앙을 원하나니 그 이웃도 그 앞에서 은혜를
    입지 못하느니라

11 거만한 자가 벌을 받으면 어리석은 자도 지혜를 얻겠고
    지혜로운 자가 교훈을 받으면 지식이 더하리라

12 의로우신 자는 악인의 집을 감찰하시고 악인을 환난에 던지시느니라

13 귀를 막고 가난한 자가 부르짖는 소리를 듣지 아니하면 자기가 부르짖을
    때에도 들을 자가 없으리라

14 은밀한 선물은 노를 쉬게 하고 품 안의 뇌물은 맹렬한 분을 그치게 하느니라

15 정의를 행하는 것이 의인에게는 즐거움이요 죄인에게는 패망이니라

16 명철의 길을 떠난 사람은 사망의 회중에 거하리라

17 연락을 좋아하는 자는 가난하게 되고 술과 기름을 좋아하는 자는
부하게 되지 못하느니라

18 악인은 의인의 속전이 되고 사악한 자는 정직한 자의 대신이 되느니라

19 다투며 성내는 여인과 함께 사는 것보다 광야에서 사는 것이 나으니라

20 지혜 있는 자의 집에는 귀한 보배와 기름이 있으나 미련한 자는
이것을 다 삼켜버리느니라

21 공의와 인자를 따라 구하는 자는 생명과 공의와 영광을 얻느니라

22 지혜로운 자는 용사의 성에 올라가서 그 성이 의지하는 방벽을 허느니라

23 입과 혀를 지키는 자는 자기의 영혼을 환난에서 보전하느니라

24 무례하고 교만한 자를 이름하여 망령된 자라 하나니
이는 넘치는 교만으로 행함이니라

25 게으른 자의 욕망이 자기를 죽이나니 이는 자기의 손으로 일하기를
싫어함이니라

26 어떤 자는 종일토록 탐하기만 하나 의인은 아끼지 아니하고 베푸느니라

27 악인의 제물은 본래 가증하거든 하물며 악한 뜻으로 드리는 것이랴

28 거짓 증인은 패망하려니와 확실히 들은 사람의 말은 힘이 있느니라

29 악인은 자기의 얼굴을 굳게 하나 정직한 자는 자기의 행위를 삼가느니라

30 지혜로도 못하고, 명철로도 못하고 모략으로도 여호와를 당하지 못하느니라

31 싸울 날을 위하여 마병을 예비하거니와 이김은 여호와께 있느니라

하나님은 형식적인 제사보다
우리의 진실한 마음을 기뻐하십니다.

하나님은 내 마음을 감찰하십니다.
욕심과 교만과 시기와 질투로 물든
마음 구석구석을 들여다보십니다.
사람의 눈은 속일 수 있지만
그분은 결코 속일 수 없음을 기억하십시오.

거짓된 마음으로 빠르게 가는 것보다
진실한 마음으로 천천히 가는 것이 좋습니다.

더디고 뒤처지는 것처럼 보일지라도
진실되고 바르게 한 걸음씩 가십시오.

그런 우리에게 하나님께서
새 힘을 더하여주실 것입니다.

나의 묵상 ───────────────────────────────

부지런한 자의 경영은 풍부함에 이를 것이나
조급한 자는 궁핍함에 이를 따름이니라
정의를 행하는것이 의인에게는 즐거움이요
죄인에게는 패망이니라

잠언 22장

1 많은 재물보다 명예를 택할 것이요 은이나 금보다 은총을 더욱 택할 것이니라

2 가난한 자와 부한 자가 함께 살거니와 그 모두를 지으신 이는 여호와시니라

3 슬기로운 자는 재앙을 보면 숨어 피하여도 어리석은 자는 나가다가
　　해를 받느니라

4 겸손과 여호와를 경외함의 보상은 재물과 영광과 생명이니라

5 패역한 자의 길에는 가시와 올무가 있거니와 영혼을 지키는 자는
　　이를 멀리하느니라

6 마땅히 행할 길을 아이에게 가르치라 그리하면 늙어도
　　그것을 떠나지 아니하리라

7 부자는 가난한 자를 주관하고 빚진 자는 채주의 종이 되느니라

8 악을 뿌리는 자는 재앙을 거두리니 그 분노의 기세가 쇠하리라

9 선한 눈을 가진 자는 복을 받으리니 이는 양식을 가난한 자에게 줌이니라

10 거만한 자를 쫓아내면 다툼이 쉬고 싸움과 수욕이 그치느니라

11 마음의 정결을 사모하는 자의 입술에는 덕이 있으므로
　　임금이 그의 친구가 되느니라

12 여호와의 눈은 지식 있는 사람을 지키시나 사악한 사람의 말은
　　패하게 하시느니라

13 게으른 자는 말하기를 사자가 밖에 있은즉 내가 나가면 거리에서
　　찢기겠다 하느니라

14 음녀의 입은 깊은 함정이라 여호와의 노를 당한 자는 거기 빠지리라

15 아이의 마음에는 미련한 것이 얽혔으나 징계하는 채찍이
　　이를 멀리 쫓아내리라

16 이익을 얻으려고 가난한 자를 학대하는 자와 부자에게 주는 자는
  가난하여질 뿐이니라

17 너는 귀를 기울여 지혜 있는 자의 말씀을 들으며 내 지식에 마음을 둘지어다

18 이것을 네 속에 보존하며 네 입술 위에 함께 있게 함이 아름다우니라

19 내가 네게 여호와를 의뢰하게 하려 하여 이것을 오늘 특별히
  네게 알게 하였노니

20 내가 모략과 지식의 아름다운 것을 너를 위해 기록하여

21 네가 진리의 확실한 말씀을 깨닫게 하며 또 너를 보내는 자에게
  진리의 말씀으로 회답하게 하려 함이 아니냐

22 약한 자를 그가 약하다고 탈취하지 말며 곤고한 자를 성문에서 압제하지 말라

23 대저 여호와께서 신원하여주시고 또 그를 노략하는 자의 생명을 빼앗으시리라

24 노를 품는 자와 사귀지 말며 울분한 자와 동행하지 말지니

25 그의 행위를 본받아 네 영혼을 올무에 빠뜨릴까 두려움이니라

26 너는 사람과 더불어 손을 잡지 말며 남의 빚에 보증을 서지 말라

27 만일 갚을 것이 네게 없으면 네 누운 침상도 빼앗길 것이라
  네가 어찌 그리하겠느냐

28 네 선조가 세운 옛 지계석을 옮기지 말지니라

29 네가 자기의 일에 능숙한 사람을 보았느냐 이러한 사람은 왕 앞에 설 것이요
  천한 자 앞에 서지 아니하리라

자녀 훈육은
부모에게 주어진 거룩한 의무입니다.

아이에게 매를 들더라도
마땅히 가르칠 것은 가르쳐야 합니다.
가르치지 않으면서 겸손하고 지혜로운 자녀로
자라길 바라는 건, 어리석은 일입니다.

부모의 훈육을 통해
자녀는 옳고 그름을 분별하고,
바르고 정직하게 말하는
성숙한 어른으로 성장할 것입니다.

무엇보다 부모는 자신부터
하나님 앞에 올바르게 서있으십시오.
아이는 부모의 삶을 보고 그분을 알아갑니다.
그리고 자녀를 위해 늘 기도하십시오.
사랑의 훈계로 지혜롭게 양육하는 부모가 되십시오.

나의 묵상 ──────────────────────────────────

마땅히 행할 길을 아이에게 가르치라
그리하면 늙어도 그것을 떠나지 아니하리라
마음의 정결을 사모하는 자의 입술에는 덕이 있으므로
임금이 그의 친구가 되느니라

잠언 23장

1   네가 관원과 함께 앉아 음식을 먹게 되거든 삼가 네 앞에 있는 자가
    누구인지를 생각하며

2   네가 만일 음식을 탐하는 자이거든 네 목에 칼을 둘 것이니라

3   그의 맛있는 음식을 탐하지 말라 그것은 속이는 음식이니라

4   부자 되기에 애쓰지 말고 네 사사로운 지혜를 버릴지어다

5   네가 어찌 허무한 것에 주목하겠느냐 정녕히 재물은 스스로 날개를 내어
    하늘을 나는 독수리처럼 날아가리라

6   악한 눈이 있는 자의 음식을 먹지 말며 그의 맛있는 음식을 탐하지 말지어다

7   대저 그 마음의 생각이 어떠하면 그 위인도 그러한즉 그가 네게 먹고 마시라
    할지라도 그의 마음은 너와 함께하지 아니함이라

8   네가 조금 먹은 것도 토하겠고 네 아름다운 말도 헛된 데로 돌아가리라

9   미련한 자의 귀에 말하지 말지니 이는 그가 네 지혜로운 말을 업신여길
    것임이니라

10   옛 지계석을 옮기지 말며 고아들의 밭을 침범하지 말지어다

11   대저 그들의 구속자는 강하시니 그가 너를 대적하여 그들의 원한을
    풀어주시리라

12   훈계에 착심하며 지식의 말씀에 귀를 기울이라

13   아이를 훈계하지 아니하려고 하지 말라 채찍으로 그를 때릴지라도
    그가 죽지 아니하리라

14   네가 그를 채찍으로 때리면 그의 영혼을 스올에서 구원하리라

15   내 아들아 만일 네 마음이 지혜로우면 나 곧 내 마음이 즐겁겠고

16   만일 네 입술이 정직을 말하면 내 속이 유쾌하리라

17   네 마음으로 죄인의 형통을 부러워하지 말고 항상 여호와를 경외하라

18   정녕히 네 장래가 있겠고 네 소망이 끊어지지 아니하리라

<u>19</u> 내 아들아 너는 듣고 지혜를 얻어 네 마음을 바른길로 인도할지니라

<u>20</u> 술을 즐겨하는 자들과 고기를 탐하는 자들과도 더불어 사귀지 말라

<u>21</u> 술 취하고 음식을 탐하는 자는 가난하여질 것이요 잠자기를 즐겨하는 자는
    해어진 옷을 입을 것임이니라

<u>22</u> 너를 낳은 아비에게 청종하고 네 늙은 어미를 경히 여기지 말지니라

<u>23</u> 진리를 사되 팔지는 말며 지혜와 훈계와 명철도 그리할지니라

<u>24</u> 의인의 아비는 크게 즐거울 것이요 지혜로운 자식을 낳은 자는
    그로 말미암아 즐거울 것이니라

<u>25</u> 네 부모를 즐겁게 하며 너를 낳은 어미를 기쁘게 하라

<u>26</u> 내 아들아 네 마음을 내게 주며 네 눈으로 내 길을 즐거워할지어다

<u>27</u> 대저 음녀는 깊은 구덩이요 이방 여인은 좁은 함정이라

<u>28</u> 참으로 그는 강도같이 매복하며 사람들 중에 사악한 자가 많아지게 하느니라

<u>29</u> 재앙이 뉘게 있느뇨 근심이 뉘게 있느뇨 분쟁이 뉘게 있느뇨
    원망이 뉘게 있느뇨 까닭 없는 상처가 뉘게 있느뇨 붉은 눈이 뉘게 있느뇨

<u>30</u> 술에 잠긴 자에게 있고 혼합한 술을 구하러 다니는 자에게 있느니라

<u>31</u> 포도주는 붉고 잔에서 번쩍이며 순하게 내려가나니 너는 그것을
    보지도 말지어다

<u>32</u> 그것이 마침내 뱀같이 물 것이요 독사같이 쏠 것이며

<u>33</u> 또 네 눈에는 괴이한 것이 보일 것이요 네 마음은 구부러진 말을 할 것이며

<u>34</u> 너는 바다 가운데에 누운 자 같을 것이요 돛대 위에 누운 자 같을 것이며

<u>35</u> 네가 스스로 말하기를 사람이 나를 때려도 나는 아프지 아니하고
    나를 상하게 하여도 내게 감각이 없도다 내가 언제나 깰까
    다시 술을 찾겠다 하리라

하나님은 작은 일이든 큰일이든
주님께 먼저 묻고 나아가는 걸음을
기쁘게 여기십니다.

'이번 한 번은 괜찮겠지',
'아무도 모르니 괜찮겠지'라는 안일한 마음으로
죄악의 자리에 동참해서는 안 됩니다.

하나님을 경외함으로
그분의 말씀을 지키려 애쓰십시오.
그분이 행하실 일을 기대하십시오.

하나님은 그분을 경외하는 사람에게
죄인이 세상에서 누리는 것과 비교할 수 없는
미래를 열어주실 것입니다.

나의 묵상 ————————————————————————

네가 어찌 허무한 것에 주목하겠느냐 정녕히 재물은
스스로 날개를 내어 하늘을 나는 독수리처럼 날아가리라
네 마음으로 죄인의 형통을 부러워 말고
항상 여호와를 경외하라

잠언 24장

1 너는 악인의 형통함을 부러워하지 말며 그와 함께 있으려고 하지도 말지어다

2 그들의 마음은 강포를 품고 그들의 입술은 재앙을 말함이니라

3 집은 지혜로 말미암아 건축되고 명철로 말미암아 견고하게 되며

4 또 방들은 지식으로 말미암아 각종 귀하고 아름다운 보배로 채우게 되느니라

5 지혜 있는 자는 강하고 지식 있는 자는 힘을 더하나니

6 너는 전략으로 싸우라 승리는 지략이 많음에 있느니라

7 지혜는 너무 높아서 미련한 자가 미치지 못할 것이므로 그는 성문에서
   입을 열지 못하느니라

8 악행하기를 꾀하는 자를 일컬어 사악한 자라 하느니라

9 미련한 자의 생각은 죄요 거만한 자는 사람에게 미움을 받느니라

10 네가 만일 환난 날에 낙담하면 네 힘이 미약함을 보임이니라

11 너는 사망으로 끌려가는 자를 건져주며 살륙을 당하게 된 자를
   구원하지 아니하려고 하지 말라

12 네가 말하기를 나는 그것을 알지 못하였노라 할지라도
   마음을 저울질하시는 이가 어찌 통찰하지 못하시겠으며
   네 영혼을 지키시는 이가 어찌 알지 못하시겠느냐
   그가 각 사람의 행위대로 보응하시리라

<u>13</u> 내 아들아 꿀을 먹으라 이것이 좋으니라 송이꿀을 먹으라 이것이 네 입에 다니라

<u>14</u> 지혜가 네 영혼에게 이와 같은 줄을 알라 이것을 얻으면 정녕히 네 장래가
있겠고 네 소망이 끊어지지 아니하리라

<u>15</u> 악한 자여 의인의 집을 엿보지 말며 그가 쉬는 처소를 헐지 말지니라

<u>16</u> 대저 의인은 일곱 번 넘어질지라도 다시 일어나려니와 악인은 재앙으로
말미암아 엎드러지느니라

<u>17</u> 네 원수가 넘어질 때에 즐거워하지 말며 그가 엎드러질 때에 마음에
기뻐하지 말라

<u>18</u> 여호와께서 이것을 보시고 기뻐하지 아니하사 그의 진노를 그에게서
옮기실까 두려우니라

<u>19</u> 너는 행악자들로 말미암아 분을 품지 말며 악인의 형통함을 부러워하지 말라

<u>20</u> 대저 행악자는 장래가 없겠고 악인의 등불은 꺼지리라

<u>21</u> 내 아들아 여호와와 왕을 경외하고 반역자와 더불어 사귀지 말라

<u>22</u> 대저 그들의 재앙은 속히 임하리니 그 둘의 멸망을 누가 알랴

<u>23</u> 이것도 지혜로운 자들의 말씀이라 재판할 때에 낯을 보아주는 것이
옳지 못하니라

<u>24</u> 악인에게 네가 옳다 하는 자는 백성에게 저주를 받을 것이요
국민에게 미움을 받으려니와

<u>25</u> 오직 그를 견책하는 자는 기쁨을 얻을 것이요 또 좋은 복을 받으리라

26 적당한 말로 대답함은 입맞춤과 같으니라

27 네 일을 밖에서 다스리며 너를 위하여 밭에서 준비하고 그 후에
    네 집을 세울지니라

28 너는 까닭 없이 네 이웃을 쳐서 증인이 되지 말며 네 입술로 속이지 말지니라

29 너는 그가 내게 행함같이 나도 그에게 행하여 그가 행한 대로 그 사람에게
    갚겠다 말하지 말지니라

30 내가 게으른 자의 밭과 지혜 없는 자의 포도원을 지나며 본즉

31 가시덤불이 그 전부에 퍼졌으며 그 지면이 거친 풀로 덮였고
    돌담이 무너져있기로

32 내가 보고 생각이 깊었고 내가 보고 훈계를 받았노라

33 네가 좀 더 자자, 좀 더 졸자, 손을 모으고 좀 더 누워있자 하니

34 네 빈궁이 강도같이 오며 네 곤핍이 군사같이 이르리라

악인의 형통을 부러워하거나 분히 여기지 마십시오.
하늘과 땅과 사람을 창조하신 하나님이
우리에게 형통의 축복을 주지 못하시겠습니까?

사람은 뿌린 대로 거둡니다.
거짓을 심는 자는 멸망의 열매를 거두고,
낙심하지 않고 선을 행하는 자는,
생명의 열매를 거둘 것입니다.

또한 악인이 넘어질 때 기뻐하지 마십시오.
하나님은 자비와 긍휼이 넘치는 분이십니다.
우리도 그분의 성품을 닮아야 합니다.

악인의 어려움에 박수 치며 기뻐할 것이 아니라,
하나님을 알지 못해 어리석고 안타까운 삶에
매여 사는 그를 불쌍히 여겨야 합니다.

의인은 넘어져도 몇 번이고 다시 일어날 수 있습니다.
사랑하는 아버지가 손을 잡아 일으켜주시기 때문입니다.

나의 묵상 _____

_____

_____

_____

_____

_____

_____

_____

_____

_____

_____

네 원수가 넘어질 때에 즐거워하지 말며
그가 엎드러질 때에 마음에 기뻐하지 말라
여호와께서 이것을 보시고 기뻐하지 아니하사
그의 진노를 그에게서 옮기실까 두려우니라

혹 내가 배불러서 하나님을 모른다

여호와가 누구냐 할까 하오며

혹 내가 가난하여 도둑질하고

내 하나님의 이름을 욕되게 할까

두려워함이니이다

잠 30:9

잠언 25장

솔로몬의 잠언

1 이것도 솔로몬의 잠언이요 유다 왕 히스기야의 신하들이 편집한 것이니라

2 일을 숨기는 것은 하나님의 영화요 일을 살피는 것은 왕의 영화니라

3 하늘의 높음과 땅의 깊음같이 왕의 마음은 헤아릴 수 없느니라

4 은에서 찌꺼기를 제하라 그리하면 장색의 쓸 만한 그릇이 나올 것이요

5 왕 앞에서 악한 자를 제하라 그리하면 그의 왕위가 의로 말미암아
   견고히 서리라

6 왕 앞에서 스스로 높은 체하지 말며 대인들의 자리에 서지 말라

7 이는 사람이 네게 이리로 올라오라고 말하는 것이 네 눈에 보이는 귀인 앞에서
   저리로 내려가라고 말하는 것보다 나음이니라

8 너는 서둘러 나가서 다투지 말라 마침내 네가 이웃에게서 욕을 보게 될 때에
   네가 어찌할 줄을 알지 못할까 두려우니라

9 너는 이웃과 다투거든 변론만 하고 남의 은밀한 일은 누설하지 말라

10 듣는 자가 너를 꾸짖을 터이요 또 네게 대한 악평이 네게서 떠나지 아니할까
   두려우니라

11 경우에 합당한 말은 아로새긴 은쟁반에 금 사과니라

12 슬기로운 자의 책망은 청종하는 귀에 금 고리와 정금 장식이니라

13 충성된 사자는 그를 보낸 이에게 마치 추수하는 날에 얼음 냉수 같아서
   능히 그 주인의 마음을 시원하게 하느니라

14 선물한다고 거짓 자랑하는 자는 비 없는 구름과 바람 같으니라

15 오래 참으면 관원도 설득할 수 있나니 부드러운 혀는 뼈를 꺾느니라

16 너는 꿀을 보거든 족하리만큼 먹으라 과식함으로 토할까 두려우니라

17 너는 이웃집에 자주 다니지 말라 그가 너를 싫어하며 미워할까 두려우니라

18 자기의 이웃을 쳐서 거짓 증거하는 사람은 방망이요 칼이요
   뾰족한 화살이니라

19 환난 날에 진실하지 못한 자를 의뢰하는 것은 부러진 이와 위골된 발 같으니라

20 마음이 상한 자에게 노래하는 것은 추운 날에 옷을 벗음 같고
   소다 위에 식초를 부음 같으니라

21 네 원수가 배고파하거든 음식을 먹이고 목말라하거든 물을 마시게 하라

22 그리하는 것은 핀 숯을 그의 머리에 놓는 것과 일반이요 여호와께서
   네게 갚아주시리라

23 북풍이 비를 일으킴같이 참소하는 혀는 사람의 얼굴에 분을 일으키느니라

24 다투는 여인과 함께 큰 집에서 사는 것보다 움막에서 혼자 사는 것이 나으니라

25 먼 땅에서 오는 좋은 기별은 목마른 사람에게 냉수와 같으니라

26 의인이 악인 앞에 굴복하는 것은 우물이 흐려짐과 샘이 더러워짐과 같으니라

27 꿀을 많이 먹는 것이 좋지 못하고 자기의 영예를 구하는 것이 헛되니라

28 자기의 마음을 제어하지 아니하는 자는 성읍이 무너지고
   성벽이 없는 것과 같으니라

하나님은 겸손히 자신을
낮추는 자를 기뻐하시며
하나님의 때에, 그분의 방법으로
높은 자리에 앉혀주십니다.

내가 원하는 자리를 차지하기 위해
아등바등 애쓰기보다
주님이 주신 자리를 기쁨으로 감당하십시오.

우리는 내게 없는 것을 남이 갖고 있을 때
그것을 더 크게 느끼며 갖고 싶어 합니다.
하지만 내 소유도
주님이 내게만 주신 것임을 기억해야 합니다.

요즘 당신의 마음을 빼앗는 것은 무엇인가요?

겸손히 마음을 지키십시오.
언제나 성령님이 나를 다스리시도록
여호와의 주권에 순종하십시오.

나의 묵상 ────────────────────────────────────

중성된 사자는 그를 보낸 이에게 마치 추수하는 날에
얼음 냉수 같아서 능히 그 주인의 마음을 시원하게 하느니라
네 원수가 배고파하거든 음식을 먹이고
목말라하거든 물을 마시게 하라

잠언 26장

1 미련한 자에게는 영예가 적당하지 아니하니 마치 여름에 눈 오는 것과
   추수 때에 비 오는 것 같으니라

2 까닭 없는 저주는 참새가 떠도는 것과 제비가 날아가는 것같이
   이루어지지 아니하느니라

3 말에게는 채찍이요 나귀에게는 재갈이요 미련한 자의 등에는 막대기니라

4 미련한 자의 어리석은 것을 따라 대답하지 말라 두렵건대 너도 그와
   같을까 하노라

5 미련한 자에게는 그의 어리석음을 따라 대답하라 두렵건대 그가 스스로
   지혜롭게 여길까 하노라

6 미련한 자 편에 기별하는 것은 자기의 발을 베어버림과 해를 받음과 같으니라

7 저는 자의 다리는 힘없이 달렸나니 미련한 자의 입의 잠언도 그러하니라

8 미련한 자에게 영예를 주는 것은 돌을 물매에 매는 것과 같으니라

9 미련한 자의 입의 잠언은 술 취한 자가 손에 든 가시나무 같으니라

10 장인이 온갖 것을 만들지라도 미련한 자를 고용하는 것은 지나가는
    행인을 고용함과 같으니라

11 개가 그 토한 것을 도로 먹는 것같이 미련한 자는 그 미련한 것을 거듭
    행하느니라

12 네가 스스로 지혜롭게 여기는 자를 보느냐 그보다 미련한 자에게 오히려
    회망이 있느니라

13 게으른 자는 길에 사자가 있다 거리에 사자가 있다 하느니라

14 문짝이 돌쩌귀를 따라서 도는 것같이 게으른 자는 침상에서 도느니라

15 게으른 자는 그 손을 그릇에 넣고도 입으로 올리기를 괴로워하느니라

16 게으른 자는 사리에 맞게 대답하는 사람 일곱보다 자기를 지혜롭게
여기느니라

17 길로 지나가다가 자기와 상관없는 다툼을 간섭하는 자는 개의 귀를
잡는 자와 같으니라

18 횃불을 던지며 화살을 쏘아서 사람을 죽이는 미친 사람이 있나니

19 자기의 이웃을 속이고 말하기를 내가 희롱하였노라 하는 자도 그러하니라

20 나무가 다하면 불이 꺼지고 말쟁이가 없어지면 다툼이 쉬느니라

21 숯불 위에 숯을 더하는 것과 타는 불에 나무를 더하는 것같이
다툼을 좋아하는 자는 시비를 일으키느니라

22 남의 말 하기를 좋아하는 자의 말은 별식과 같아서 뱃속 깊은 데로
내려가느니라

23 온유한 입술에 악한 마음은 낮은 은을 입힌 토기니라

24 원수는 입술로는 꾸미고 속으로는 속임을 품나니

25 그 말이 좋을지라도 믿지 말 것은 그 마음에 일곱 가지 가증한 것이 있음이니라

26 속임으로 그 미움을 감출지라도 그의 악이 회중 앞에 드러나리라

27 함정을 파는 자는 그것에 빠질 것이요 돌을 굴리는 자는 도리어
그것에 치이리라

28 거짓말하는 자는 자기가 해한 자를 미워하고 아첨하는 입은 패망을
일으키느니라

우리는 입술을 주의해야 합니다.

잠언은 '말'의 중요성과 위험성을 수차례 경고합니다.
특히 26장은 마음과 입술이 다르게 행동하는
부분을 꼬집어 말합니다.

입술로는 상대방이 듣기에 달콤한 말들을 쏟아내지만
마음으로는 멸시하고 천대하는 것은
참으로 가증스러운 일입니다.

이중적인 태도를 벗어버리십시오.
한마디를 하더라도 진심을 담아야 합니다.
상대의 마음을 헤아리며 그의 이야기를 들어야 합니다.
말하는 것보다 경청에 더 마음을 두십시오.

마음의 뜻이 입술의 고백이 되어
한마음, 한 영으로 살아가십시오.

나의 묵상 ────────────────────

미련한 자의 어리석은 것을 따라 대답하지 말라
두렵건대 너도 그와 같을까 하노라
개가 그 토한것을 도로 먹는것같이
미련한 자는 그 미련한 것을 거듭 행하느니라

1 너는 내일 일을 자랑하지 말라 하루 동안에 무슨 일이 일어날는지
네가 알 수 없음이니라

2 타인이 너를 칭찬하게 하고 네 입으로는 하지 말며 외인이 너를
칭찬하게 하고 네 입술로는 하지 말지니라

3 돌은 무겁고 모래도 가볍지 아니하거니와 미련한 자의 분노는 이 둘보다
무거우니라

4 분은 잔인하고 노는 창수 같거니와 투기 앞에야 누가 서리요

5 면책은 숨은 사랑보다 나으니라

6 친구의 아픈 책망은 충직으로 말미암는 것이나 원수의 잦은 입맞춤은
거짓에서 난 것이니라

7 배부른 자는 꿀이라도 싫어하고 주린 자에게는 쓴 것이라도 다니라

8 고향을 떠나 유리하는 사람은 보금자리를 떠나 떠도는 새와 같으니라

9 기름과 향이 사람의 마음을 즐겁게 하나니 친구의 충성된 권고가
이와 같이 아름다우니라

10 네 친구와 네 아비의 친구를 버리지 말며 네 환난 날에 형제의 집에
들어가지 말지어다 가까운 이웃이 먼 형제보다 나으니라

11 내 아들아 지혜를 얻고 내 마음을 기쁘게 하라 그리하면 나를 비방하는 자에게
내가 대답할 수 있으리라

12 슬기로운 자는 재앙을 보면 숨어 피하여도 어리석은 자들은 나가다가
해를 받느니라

13 타인을 위하여 보증 선 자의 옷을 취하라 외인들을 위하여 보증 선 자는
그의 몸을 볼모 잡을지니라

<u>14</u> 이른 아침에 큰 소리로 자기 이웃을 축복하면 도리어 저주같이 여기게 되리라

<u>15</u> 다투는 여자는 비 오는 날에 이어 떨어지는 물방울이라

<u>16</u> 그를 제어하기가 바람을 제어하는 것 같고 오른손으로 기름을 움키는 것 같으니라

<u>17</u> 철이 철을 날카롭게 하는 것같이 사람이 그의 친구의 얼굴을 빛나게 하느니라

<u>18</u> 무화과나무를 지키는 자는 그 과실을 먹고 자기 주인에게 시중드는 자는 영화를 얻느니라

<u>19</u> 물에 비치면 얼굴이 서로 같은 것같이 사람의 마음도 서로 비치느니라

<u>20</u> 스올과 아바돈은 만족함이 없고 사람의 눈도 만족함이 없느니라

<u>21</u> 도가니로 은을, 풀무로 금을, 칭찬으로 사람을 단련하느니라

<u>22</u> 미련한 자를 곡물과 함께 절구에 넣고 공이로 찧을지라도 그의 미련은 벗겨지지 아니하느니라

<u>23</u> 네 양 떼의 형편을 부지런히 살피며 네 소 떼에게 마음을 두라

<u>24</u> 대저 재물은 영원히 있지 못하나니 면류관이 어찌 대대에 있으랴

<u>25</u> 풀을 벤 후에는 새로 움이 돋나니 산에서 꼴을 거둘 것이니라

<u>26</u> 어린 양의 털은 네 옷이 되며 염소는 밭을 사는 값이 되며

<u>27</u> 염소의 젖은 넉넉하여 너와 네 집의 음식이 되며 네 여종의 먹을 것이 되느니라

우리는 내일 일을 자랑하기보다
오늘 주어진 일을 먼저 잘 감당해야 합니다.
당장 일어날 일도 다 알 수 없는데
미래를 어떻게 예측할 수 있겠습니까?

오늘 하루 나를 지켜주시고 내일을 허락하실 주님께
감사드리며 기쁘게 찬양할 뿐입니다.

인간관계의 어려움을 통해
우리는 깎이고 성장합니다.
'이 괴로움이 왜 내게 일어났을까?'보다
'이를 어떻게 슬기롭게 헤쳐나갈까?'
생각하십시오.

또한 사람을 외모로 판단하지 말고
오래 보면서 진면모를 발견하십시오.
상대가 나를 있는 그대로 사랑해주길 바란다면
나도 그를 있는 그대로
바라보고 인정해야 할 것입니다.

나의 묵상 ─────────────────────────

너는 내일 일을 자랑하지 말라
하루 동안에 무슨일이 일어날는지 네가 알 수 없음이니라
물에 비치면 얼굴이 서로 같은 것 같이
사람의 마음도 서로 비치느니라

잠언 28장

1 악인은 쫓아오는 자가 없어도 도망하나 의인은 사자같이 담대하니라

2 나라는 죄가 있으면 주관자가 많아져도 명철과 지식 있는 사람으로
  말미암아 장구하게 되느니라

3 가난한 자를 학대하는 가난한 자는 곡식을 남기지 아니하는 폭우 같으니라

4 율법을 버린 자는 악인을 칭찬하나 율법을 지키는 자는 악인을 대적하느니라

5 악인은 정의를 깨닫지 못하나 여호와를 찾는 자는 모든 것을 깨닫느니라

6 가난하여도 성실하게 행하는 자는 부유하면서 굽게 행하는 자보다 나으니라

7 율법을 지키는 자는 지혜로운 아들이요 음식을 탐하는 자와 사귀는 자는
  아비를 욕되게 하는 자니라

8 중한 변리로 자기 재산을 늘리는 것은 가난한 사람을 불쌍히 여기는 자를 위해
  그 재산을 저축하는 것이니라

9 사람이 귀를 돌려 율법을 듣지 아니하면 그의 기도도 가증하니라

10 정직한 자를 악한 길로 유인하는 자는 스스로 자기 함정에 빠져도
   성실한 자는 복을 받느니라

11 부자는 자기를 지혜롭게 여기나 가난해도 명철한 자는 자기를 살펴 아느니라

12 의인이 득의하면 큰 영화가 있고 악인이 일어나면 사람이 숨느니라

13 자기의 죄를 숨기는 자는 형통하지 못하나 죄를 자복하고 버리는 자는
   불쌍히 여김을 받으리라

14 항상 경외하는 자는 복되거니와 마음을 완악하게 하는 자는 재앙에 빠지리라

15 가난한 백성을 압제하는 악한 관원은 부르짖는 사자와 주린 곰 같으니라

16 무지한 치리자는 포학을 크게 행하거니와 탐욕을 미워하는 자는 장수하리라

17 사람의 피를 흘린 자는 함정으로 달려갈 것이니 그를 막지 말지니라

18 성실하게 행하는 자는 구원을 받을 것이나 굽은 길로 행하는 자는
곧 넘어지리라

19 자기의 토지를 경작하는 자는 먹을 것이 많으려니와 방탕을 따르는 자는
궁핍함이 많으리라

20 충성된 자는 복이 많아도 속히 부하고자 하는 자는 형벌을 면하지 못하리라

21 사람의 낯을 보아주는 것이 좋지 못하고 한 조각 떡으로 말미암아
사람이 범법하는 것도 그러하니라

22 악한 눈이 있는 자는 재물을 얻기에만 급하고 빈궁이 자기에게로 임할 줄은
알지 못하느니라

23 사람을 경책하는 자는 혀로 아첨하는 자보다 나중에 더욱 사랑을 받느니라

24 부모의 물건을 도둑질하고서도 죄가 아니라 하는 자는 멸망 받게 하는 자의
동류니라

25 욕심이 많은 자는 다툼을 일으키나 여호와를 의지하는 자는 풍족하게
되느니라

26 자기의 마음을 믿는 자는 미련한 자요 지혜롭게 행하는 자는 구원을
얻을 자니라

27 가난한 자를 구제하는 자는 궁핍하지 아니하려니와 못 본 체하는 자에게는
저주가 크리라

28 악인이 일어나면 사람이 숨고 그가 멸망하면 의인이 많아지느니라

탐심이 가득한 사람은 가는 곳마다 분쟁을 일으키지만
여호와를 의지하는 자는 언제나 형통합니다.

당신의 걸음이 닿는 곳은 어떤 모습인가요?

하늘나라를 소망하고
주님 오실 날을 기다린다고 고백하면서
내 주머니 채우는 일에 급급해 살고 있진 않나요?

돈이 먼저인지,
사랑하는 하나님 아버지가 가장 먼저 되시는지
스스로 질문해보아야 합니다.

하나님을 따른다면서 가난한 이웃을 못 본 체하며,
부와 명예만 좇고 있다면
주님이 기뻐하지 않으실 것입니다.

가난해도 명철을 지니고 바른길을 걷는 자를
그분은 기뻐하며 사랑하십니다.

나의 묵상 ─────────────────────────────────

자기의 죄를 숨기는 자는 형통하지 못하나
죄를 자복하고 버리는 자는 불쌍히 여김을 받으리라
사람을 경책하는 자는 혀로 아첨하는 자보다
나중에 더욱 사랑을 받느니라

잠언 29장

1 자주 책망을 받으면서도 목이 곧은 사람은 갑자기 패망을 당하고
   피하지 못하리라

2 의인이 많아지면 백성이 즐거워하고 악인이 권세를 잡으면 백성이
   탄식하느니라

3 지혜를 사모하는 자는 아비를 즐겁게 하여도 창기와 사귀는 자는
   재물을 잃느니라

4 왕은 정의로 나라를 견고하게 하나 뇌물을 억지로 내게 하는 자는
   나라를 멸망시키느니라

5 이웃에게 아첨하는 것은 그의 발 앞에 그물을 치는 것이니라

6 악인이 범죄하는 것은 스스로 올무가 되게 하는 것이나
   의인은 노래하고 기뻐하느니라

7 의인은 가난한 자의 사정을 알아주나 악인은 알아줄 지식이 없느니라

8 거만한 자는 성읍을 요란하게 하여도 슬기로운 자는 노를 그치게 하느니라

9 지혜로운 자와 미련한 자가 다투면 지혜로운 자가 노하든지 웃든지
   그 다툼은 그침이 없느니라

10 피 흘리기를 좋아하는 자는 온전한 자를 미워하고 정직한 자의 생명을
   찾느니라

11 어리석은 자는 자기의 노를 다 드러내어도 지혜로운 자는 그것을
   억제하느니라

12 관원이 거짓말을 들으면 그의 하인들은 다 악하게 되느니라

13 가난한 자와 포학한 자가 섞여 살거니와 여호와께서는 그 모두의 눈에
   빛을 주시느니라

14 왕이 가난한 자를 성실히 신원하면 그의 왕위가 영원히 견고하리라

15 채찍과 꾸지람이 지혜를 주거늘 임의로 행하게 버려둔 자식은
어미를 욕되게 하느니라

16 악인이 많아지면 죄도 많아지나니 의인은 그들의 망함을 보리라

17 네 자식을 징계하라 그리하면 그가 너를 평안하게 하겠고 또 네 마음에
기쁨을 주리라

18 묵시가 없으면 백성이 방자히 행하거니와 율법을 지키는 자는 복이 있느니라

19 종은 말로만 하면 고치지 아니하나니 이는 그가 알고도 따르지 아니함이니라

20 네가 말이 조급한 사람을 보느냐 그보다 미련한 자에게 오히려 희망이
있느니라

21 종을 어렸을 때부터 곱게 양육하면 그가 나중에는 자식인 체하리라

22 노하는 자는 다툼을 일으키고 성내는 자는 범죄함이 많으니라

23 사람이 교만하면 낮아지게 되겠고 마음이 겸손하면 영예를 얻으리라

24 도둑과 짝하는 자는 자기의 영혼을 미워하는 자라 그는 저주를 들어도
진술하지 아니하느니라

25 사람을 두려워하면 올무에 걸리게 되거니와 여호와를 의지하는 자는
안전하리라

26 주권자에게 은혜를 구하는 자가 많으나 사람의 일의 작정은 여호와께로
말미암느니라

27 불의한 자는 의인에게 미움을 받고 바르게 행하는 자는 악인에게
미움을 받느니라

반복적인 책망 속에도
달라지는 것 없이 자기를 의지하여
살아가는 사람은 불시에 망합니다.

하나님의 말씀을 가벼이 여기고,
자신의 의와 생각을 믿는 사람은
그분의 심판을 피하지 못합니다.

사람이나 환경을 통해
내게 들려주시는 주님의 경고를
혹 무시하고 있지는 않은지
돌아봐야 할 때입니다.

가던 길을 잠깐 멈추어
말씀 앞에 서서 점검하는 지혜가 필요합니다.

나의 묵상 ────────────────────────────────

가난한 자와 포학한 자가 섞여 살거니와
여호와께서는 그 모두의 눈에 빛을 주시느니라
사람을 두려워하면 올무에 걸리게 되거니와
여호와를 의지하는 자는 안전하리라

잠언 30장

아굴의 잠언

1 이 말씀은 야게의 아들 아굴의 잠언이니 그가 이디엘 곧 이디엘과 우갈에게
   이른 것이니라

2 나는 다른 사람에게 비하면 짐승이라 내게는 사람의 총명이 있지 아니하니라

3 나는 지혜를 배우지 못하였고 또 거룩하신 자를 아는 지식이 없거니와

4 하늘에 올라갔다가 내려온 자가 누구인지, 바람을 그 장중에 모은 자가
   누구인지, 물을 옷에 싼 자가 누구인지, 땅의 모든 끝을 정한 자가 누구인지,
   그의 이름이 무엇인지, 그의 아들의 이름이 무엇인지 너는 아느냐

5 하나님의 말씀은 다 순전하며 하나님은 그를 의지하는 자의 방패시니라

6 너는 그의 말씀에 더하지 말라 그가 너를 책망하시겠고 너는 거짓말하는
   자가 될까 두려우니라

7 내가 두 가지 일을 주께 구하였사오니 내가 죽기 전에 내게 거절하지 마시옵소서

8 곧 헛된 것과 거짓말을 내게서 멀리하옵시며 나를 가난하게도 마옵시고
   부하게도 마옵시고 오직 필요한 양식으로 나를 먹이시옵소서

9 혹 내가 배불러서 하나님을 모른다 여호와가 누구냐 할까 하오며
   혹 내가 가난하여 도둑질하고 내 하나님의 이름을
   욕되게 할까 두려워함이니이다

10 너는 종을 그의 상전에게 비방하지 말라 그가 너를 저주하겠고
너는 죄책을 당할까 두려우니라

11 아비를 저주하며 어미를 축복하지 아니하는 무리가 있느니라

12 스스로 깨끗한 자로 여기면서도 자기의 더러운 것을 씻지 아니하는
무리가 있느니라

13 눈이 심히 높으며 눈꺼풀이 높이 들린 무리가 있느니라

14 앞니는 장검 같고 어금니는 군도 같아서 가난한 자를 땅에서 삼키며
궁핍한 자를 사람 중에서 삼키는 무리가 있느니라

15 거머리에게는 두 딸이 있어 다오 다오 하느니라 족한 줄을 알지 못하여
족하다 하지 아니하는 것 서넛이 있나니

16 곧 스올과 아이 배지 못하는 태와 물로 채울 수 없는 땅과 족하다
하지 아니하는 불이니라

17 아비를 조롱하며 어미 순종하기를 싫어하는 자의 눈은 골짜기의 까마귀에게
쪼이고 독수리 새끼에게 먹히리라

18 내가 심히 기이히 여기고도 깨닫지 못하는 것 서넛이 있나니

19 곧 공중에 날아다니는 독수리의 자취와 반석 위로 기어다니는 뱀의 자취와
바다로 지나다니는 배의 자취와 남자가 여자와 함께한 자취며

20 음녀의 자취도 그러하니라 그가 먹고 그의 입을 씻음같이 말하기를
내가 악을 행하지 아니하였다 하느니라

21 세상을 진동시키며 세상이 견딜 수 없게 하는 것 서넛이 있나니

22 곧 종이 임금 된 것과 미련한 자가 음식으로 배부른 것과

23 미움받는 여자가 시집간 것과 여종이 주모를 이은 것이니라

24 땅에 작고도 가장 지혜로운 것 넷이 있나니

25 곧 힘이 없는 종류로되 먹을 것을 여름에 준비하는 개미와

26 약한 종류로되 집을 바위 사이에 짓는 사반과

27 임금이 없으되 다 떼를 지어 나아가는 메뚜기와

28 손에 잡힐 만하여도 왕궁에 있는 도마뱀이니라

29 잘 걸으며 위풍 있게 다니는 것 서넛이 있나니

30 곧 짐승 중에 가장 강하여 아무 짐승 앞에서도 물러가지 아니하는 사자와

31 사냥개와 숫염소와 및 당할 수 없는 왕이니라

32 만일 네가 미련하여 스스로 높은 체하였거나 혹 악한 일을 도모하였거든 네 손으로 입을 막으라

33 대저 젖을 저으면 엉긴 젖이 되고 코를 비틀면 피가 나는 것같이 노를 격동하면 다툼이 남이니라

사람을 두려워하면 올무에 걸리지만
하나님을 신뢰하는 자는 안전할 것입니다.

하나님은 우리의 든든한 피난처가 되시며
누구도 공격할 수 없는 요새가 되시며
내게 해를 끼치는 모든 것에 방패가 되어주십니다.

사람을 의식하여 내 삶을 갉아먹는 일은,
그분의 주권을 무시하는 것과 같습니다.

하나님을 바라보십시오.
그분은 당신을 사망의 권세로부터 건져내셨습니다.
전능하신 그분을 굳게 붙드십시오.
당신은 더 이상 요동치 아니할 것입니다.

나의 묵상 ──────────────────────────────────

곧 헛된것과 거짓말을 내게서 멀리 하옵시며
나를 가난하게도 마옵시고 부하게도 마옵시고
오직 필요한 양식으로 나를 먹이시옵소서

잠언 31장

르무엘 왕을 훈계한 잠언

1 르무엘 왕이 말씀한 바 곧 그의 어머니가 그를 훈계한 잠언이라

2 내 아들아 내가 무엇을 말하랴 내 태에서 난 아들아 내가 무엇을 말하랴
서원대로 얻은 아들아 내가 무엇을 말하랴

3 네 힘을 여자들에게 쓰지 말며 왕들을 멸망시키는 일을 행하지 말지어다

4 르무엘아 포도주를 마시는 것이 왕들에게 마땅하지 아니하고 왕들에게
마땅하지 아니하며 독주를 찾는 것이 주권자들에게 마땅하지 않도다

5 술을 마시다가 법을 잊어버리고 모든 곤고한 자들의 송사를 굽게 할까
두려우니라

6 독주는 죽게 된 자에게, 포도주는 마음에 근심하는 자에게 줄지어다

7 그는 마시고 자기의 빈궁한 것을 잊어버리겠고 다시 자기의 고통을
기억하지 아니하리라

8 너는 말 못하는 자와 모든 고독한 자의 송사를 위하여 입을 열지니라

9 너는 입을 열어 공의로 재판하여 곤고한 자와 궁핍한 자를 신원할지니라

현숙한 아내

10 누가 현숙한 여인을 찾아 얻겠느냐 그의 값은 진주보다 더하니라

11 그런 자의 남편의 마음은 그를 믿나니 산업이 핍절하지 아니하겠으며

12 그런 자는 살아있는 동안에 그의 남편에게 선을 행하고 악을 행하지
아니하느니라

13 그는 양털과 삼을 구하여 부지런히 손으로 일하며

14 상인의 배와 같아서 먼 데서 양식을 가져오며

15 밤이 새기 전에 일어나서 자기 집안 사람들에게 음식을 나누어주며
여종들에게 일을 정하여 맡기며

16 밭을 살펴보고 사며 자기의 손으로 번 것을 가지고 포도원을 일구며

17 힘 있게 허리를 묶으며 자기의 팔을 강하게 하며

18 자기의 장사가 잘되는 줄을 깨닫고 밤에 등불을 끄지 아니하며

19 손으로 솜뭉치를 들고 손가락으로 가락을 잡으며

20 그는 곤고한 자에게 손을 펴며 궁핍한 자를 위하여 손을 내밀며

21 자기 집 사람들은 다 홍색 옷을 입었으므로 눈이 와도
   그는 자기 집 사람들을 위하여 염려하지 아니하며

22 그는 자기를 위하여 아름다운 이불을 지으며 세마포와 자색 옷을 입으며

23 그의 남편은 그 땅의 장로들과 함께 성문에 앉으며 사람들의 인정을 받으며

24 그는 베로 옷을 지어 팔며 띠를 만들어 상인들에게 맡기며

25 능력과 존귀로 옷을 삼고 후일을 웃으며

26 입을 열어 지혜를 베풀며 그의 혀로 인애의 법을 말하며

27 자기의 집안일을 보살피고 게을리 얻은 양식을 먹지 아니하나니

28 그의 자식들은 일어나 감사하며 그의 남편은 칭찬하기를

29 덕행 있는 여자가 많으나 그대는 모든 여자보다 뛰어나다 하느니라

30 고운 것도 거짓되고 아름다운 것도 헛되나 오직 여호와를 경외하는 여자는
   칭찬을 받을 것이라

31 그 손의 열매가 그에게로 돌아갈 것이요 그 행한 일로 말미암아 성문에서
   칭찬을 받으리라

현숙한 여인은 비싼 진주에도
비길 수 없이 귀하다고 말씀하십니다.

그녀는 땀으로 열매 맺는 수고로움을 알고
부지런함과 의로움의 자리에 머무르며
게으르지 않고 모든 순간을 기쁘게 감당합니다.
그 입술은 지혜를 가르치고
그 혀에는 진실한 가르침이 있습니다.

우리 한 사람 한 사람이 주님의 현숙한 여인이 되어
주어진 자리를 부지런함과 정직함으로
살아내기를 소망합니다.

"고운 것도 거짓되고, 아름다운 것도 헛되지만,
주님을 경외하는 여자는 칭찬을 받는다."

여호와를 경외하는 것이 지혜의 근본이라는
진리를 마음 깊이 새기십시오.
그리고 주님이 진정 기뻐하시는 일에
온 맘 다해 전진하기를 기도합니다.

나의 묵상 ————————————————————————————

누가 현숙한 여인을 찾아 얻겠느냐
그의 값은 진주보다 더하니라
고운 것도 거짓되고 아름다운 것도 헛되나
오직 여호와를 경외하는 여자는 칭찬을 받을 것이라

쓰담쓰닭 잠언(개역개정)

초판 1쇄 발행   2020년 10월 16일
초판 22쇄 발행   2025년 3월 26일

지은이   햇살콩(김나단, 김연선)

펴낸이   여진구
책임편집   김아진 정아혜
편집   이영주 박소영 최현수 구주은 안수경 김도연
책임디자인   마영애 조은혜 | 노지현 정은혜
홍보 · 외서   진효지
마케팅   김상순 강성민   마케팅지원   최영배 정나영
제작   조영석 허병용   경영지원   김혜경 김경희

303비전성경암송학교 유니게 과정
이슬비전도학교 / 303비전성경암송학교 / 303비전꿈나무장학회

펴낸곳   규장

주소   06770 서울시 서초구 매헌로 16길 20(양재2동) 규장선교센터
전화   02)578-0003   팩스 02)578-7332
이메일   kyujang0691@gmail.com   홈페이지 www.kyujang.com
페이스북   facebook.com/kyujangbook   인스타그램 instagram.com/kyujang_com
카카오스토리   story.kakao.com/kyujangbook
등록일   1978.8.14. 제1-22

ⓒ 저자와의 협약 아래 인지는 생략되었습니다.
이 출판물은 저작권법에 의해 보호를 받는 저작물이므로 무단 전재와 무단 복제를 할 수 없습니다.

책값   뒤표지에 있습니다.
ISBN   979-11-6504-143-4 04230
       979-11-6504-089-5 (세트)

규 | 장 | 수 | 칙

1. 기도로 기획하고 기도로 제작한다.
2. 오직 그리스도의 성품을 사모하는 독자가 원하고 필요로 하는 책만을 출판한다.
3. 한 활자 한 문장에 온 정성을 쏟는다.
4. 성실과 정확을 생명으로 삼고 일한다.
5. 긍정적이며 적극적인 신앙과 신행일치에의 안내자의 사명을 다한다.
6. 충고와 조언을 항상 감사로 경청한다.
7. 지상목표는 문서선교에 있다.

하나님을 사랑하는 자 곧 그의 뜻대로 부르심을 입은 자들에게는 모든 것이 合力하여 善을 이루느니라(롬 8:28)

규장은 문서를 통해 복음전파와 신앙교육에 주력하는 국제적 출판사들의 협의체인 복음주의출판협회(E.C.P.A:Evangelical Christian Publishers Association)의 출판정신에 동참하는 회원(Associate Member)입니다.